国家出版基金项目
NATIONAL PUBLICATION FOUNDATION

山地城市交通创新实践丛书

山地城市交通
噪声特征及改善

谢 辉 刘 畅 李 亨 ◇ 著

重庆大学出版社

内容提要

本书旨在分析山地城市交通噪声特征,并据此提出山地城市交通噪声治理干预策略。全书分为三大部分,共七章。第一部分在交通噪声的产生与传播、预测模型与评价、控制原理与方法、国内外相关法律法规的基础上,重点讨论了山地城市交通噪声分布特征;第二部分从工程实践出发,针对居住区、景区、隧道等空间类型,展开了山地城市道路、轨道交通周边交通噪声研究;第三部分立足于解决现实问题,从规划干预、城市绿化和声景优化三方面,提出了山地城市交通噪声治理的若干对策。

本书可为未来山地城市的建设、规划、设计提供参考依据和资料支持,为城市规划、交通规划部门管理人员提供理论和实践参考,也可作为从事城市规划、建筑环境、噪声控制、声环境科学和社会学等领域的研究人员、相关专业科研单位的工程技术人员和设计人员,以及建筑、规划、声学等相关专业师生的工具书。

图书在版编目(CIP)数据

山地城市交通噪声特征及改善 / 谢辉,刘畅,李亨
著.-- 重庆:重庆大学出版社,2022.6
(山地城市交通创新实践丛书)
ISBN 978-7-5689-3344-5

Ⅰ.①山… Ⅱ.①谢… ②刘… ③李… Ⅲ.①山区城
市—城市交通—交通噪声—噪声控制—研究 Ⅳ.
①U491.9

中国版本图书馆 CIP 数据核字(2022)第 095127 号

山地城市交通创新实践丛书
山地城市交通噪声特征及改善
Shandi Chengshi Jiaotong Zaosheng Tezheng Ji Gaishan
谢辉 刘畅 李亨 著
策划编辑:张慧梓 范春青 林青山
责任编辑:林青山 版式设计:夏 雪
责任校对:王 倩 责任印制:赵 晟
*
重庆大学出版社出版发行
出版人:饶帮华
社址:重庆市沙坪坝区大学城西路 21 号
邮编:401331
电话:(023) 88617190 88617185(中小学)
传真:(023) 88617186 88617166
网址:http://www.cqup.com.cn
邮箱:fxk@ cqup.com.cn(营销中心)
全国新华书店经销
重庆升光电力印务有限公司印刷
*
开本:787mm×1092mm 1/16 印张:11.75 字数:252千
2022 年 6 月第 1 版 2022 年 6 月第 1 次印刷
ISBN 978-7-5689-3344-5 定价:118.00 元

丛书编委会
EDITORIAL BOARD OF THE SERIES

序 一
FOREWORD

多年在旧金山和重庆的工作与生活，使我与山地城市结下了特别的缘分。这些美丽的山地城市，有着自身的迷人特色：依山而建的建筑，起起落落，错落有致；滨山起居的人群，爬坡上坎，聚聚散散；形形色色的交通，各有特点，别具一格。这些元素汇聚在一起，给山地城市带来了与平原城市不同的韵味。

但是作为一名工程师，在山地城市的工程建设中我又深感不易。特殊的地形地貌，使山地城市的生态系统特别敏感和脆弱，所有建设必须慎之又慎；另外，有限的土地资源受到许多制约，对土地和地形利用需要进行仔细的研究；还有一个挑战就是经济性，山地城市的工程技术措施比平原城市更多，投资也会更大。在山地城市的各类工程中，交通基础设施的建设受到自然坡度、河道水文、地质条件等边界控制，其复杂性尤为突出。

我和我的团队一直对山地城市交通给予关注并持续实践；特别在以山城重庆为典型代表的中国中西部，我们一直关注如何在山地城市中打造最适合当地条件的交通基础设施。多年的实践经验提示我们，在山地城市交通系统设计中需要重视一些基础工作：一是综合性设计（或者叫总体设计）。多专业的综合协同、更高的格局、更开阔的视角和对未来发展的考虑，才能创作出经得起时间考验的作品。二是创新精神。制约条件越多，就越需要创新。不局限于工程技术，在文化、生态、美学、经济等方面都可以进行创新。三是要多学习，多总结。每个山地城市都有自身的显著特色，相互的交流沟通，不同的思考方式，已有的经验教训，可以使我们更好地建设山地城市。

基于这些考虑，我们对过去的工作进行了总结和提炼。其中的一个阶段性成果是 2007 年提出的重庆市《城市道路交通规划及路线设计规范》，这是一个法令性质的地方标准；本次出版的这套"山地城市交通创新实践丛书"，核心是我们对工程实践经验的总结。

丛书包括了总体设计、交通规划、快速路、跨江大桥和立交系统等多个方面，介绍了近二十年来我们设计或咨询的大部分重点工程项目，希望能够给各位建设者提供借鉴和参考。

工程是充满成就和遗憾的艺术。在总结的过程中，我们自身也在再反思和再总结，以做到持续提升。相信通过交流和学习，未来的山地城市将会拥有更多高品质和高质量的精品工程。

美国国家工程院院士

中国工程院外籍院士

林同棪国际工程咨询（中国）有限公司董事长

2019 年 10 月

序 二
FOREWORD

　　山地城市由于地理环境的不同,形成了与平原城市迥然不同的城市形态,许多山地城市以其特殊的自然景观、历史底蕴、民俗文化和建筑风格而呈现出独特的魅力。然而,山地城市由于地形、地质复杂或者江河、沟壑的分割,严重制约了城市的发展,与平原城市相比,山地城市的基础设施建设面临着特殊的挑战。在山地城市基础设施建设中,如何保留城市原有的山地风貌,提升和完善城市功能,处理好人口与土地资源的矛盾,克服新旧基础设施改造与扩建的特殊困难,避免地质灾害,减小山地环境的压力,保护生态、彰显特色、保障安全和永续发展,都是必须高度重视的重要问题。

　　林同棪国际工程咨询(中国)有限公司扎根于巴蜀大地,其优秀的工程师群体大都生活、工作在著名的山地城市重庆,身临其境,对山地城市的发展有独到的感悟。毫无疑问,他们不仅是山地城市建设理论研究的先行者,也是山地城市规划设计实践的探索者。他们结合自己的工程实践,针对重点关键技术问题,对上述问题与挑战进行了深入的研究和思考,攻克了一系列技术难关,在山地城市可持续综合交通规划、山地城市快速路系统规划、山地城市交通设计、山地城市跨江大桥设计、山地城市立交群设计等方面取得了系统的理论与实践成果,并将成果应用于西南地区乃至全国山地城市建设与发展中,极大地丰富了山地城市规划与建设的理论,有力地推动了我国山地城市规划设计的发展,为世界山地城市建设的研究提供了成功的中国范例。

　　近年来,随着山地城市的快速发展,催生了山地城市交通规划与建设理论,"山地城市交通创新实践丛书"正是山地城市交通基础设施建设理论、技术和工程应用方面的总结。本丛书较为全面地反映了工程师们在工程设计中的先进理念、创新技术和典型案例;既总结成功的经验,也指出存在的问题和教训,其中大多数问题和教训是工程建成后工程师们的进一步思考,从而引导工程师们在反思中前行;既介绍创新理念与设计思考,也提供工程实例,将设计理论与工程实践紧密结合,既有学术性又有实用性。总之,丛书内容丰富、特色鲜明,表述深入浅出、通俗易懂,可为从事山地城市交通基础设施建设的设计、施工和管理的人员提供借鉴和参考。

中国工程院院士
重庆大学教授　周绪红

2019 年 10 月

前　言

PREFACE

交通噪声是影响人们生理与心理健康的关键环境因素之一。随着城镇化规模的不断扩大和城市间交通的日渐繁忙,交通噪声污染也越来越严重,成为制约人居环境质量提升的重要因素。城市交通噪声在许多国家和地区都得到了重视,从 20 世纪 80 年代起,世界各国相继开展了各类交通噪声实测调查,开发了适合当地情况的交通噪声预测模型。但目前国内外的交通噪声研究主要集中在平原城市,对山地城市交通噪声缺乏关注。山地占我国国土面积 70%以上,山地城市数量众多,尤其是西南地区,如重庆、贵阳、攀枝花等。多数城市由于辖区内平坦地区用地有限,会进一步向山地扩张,未来我国山地城市的数量也会进一步增加。基于此,开展对山地城市交通噪声的特征研究和影响分析尤为重要。

山地城市交通方式相对单一,机动车是居民出行的主要交通方式,但道路坡陡、路窄、弯多,机动车所产生的交通噪声问题尤为突出,并具有与平原城市不同的声环境特点。首先,山地城市道路为了契合起伏的地形和地貌,存在大量的长、大纵坡路段,这会增加车辆的发动机加速噪声、制动噪声与路面摩擦噪声。其次,山地城市弯道和小半径路段多,由于汽车频繁制动与加速减速,汽车发动机噪声与路面摩擦噪声均有一定增加。此外,由于山地城市地形环境复杂,街道狭窄,高宽比大,不利于噪声散射。因此,山地城市居民,尤其是居住于道路沿线的居民,受到的噪声干扰更为突出,山地城市交通噪声控制比平原地区难度更大。

本书在对山地城市交通噪声特性的分析基础上,基于大量的调查研究、声环境实测和计算机模拟,对比分析了山地与平原城市的交通噪声特征,对山地城市道路交通、轨道交通沿线居住区的声环境特征进行了多层次的研究。在此基础上,从规划干预、城市绿化和声景优化三个方面,为山地城市的交通噪声治理与可持续发展提出了相应对策。本书内容将为未来山地城市建设、规划、设计提供科学依据和技术支持,对山地城市的交通噪声污染防控具有重要的学术价值与社会经济效益。

本书共分为如下三个部分。

第一部分(第1—2章),阐述了山地城市交通的特点和交通噪声的危害,提出了本书的研究内容。对交通噪声的产生与传播、交通噪声的监测与评价、交通噪声的预测模型,以及交通噪声的控制原理与方法作了简要的梳理和论述。在此基础上,通过调查研究和实测提出了山地城市交通噪声的分布特性。

第二部分(第3—4章),论述了山地城市交通噪声评价。通过调查研究、实测和模拟,研究了山地城市快速路和轨道交通噪声分别对沿线区域声环境的影响。

第三部分(第5—7章),探究了山地城市交通噪声改善策略研究。从城市空间、道路规划、建设用地规划和建筑布局四个方面提出了基于城市规划的山地城市声环境改善策略;从绿色声屏障、林带、屋顶(墙体)绿化及地面绿化等方面提出了基于城市绿化的山地城市交通噪声降噪策略;并以山地城市公园、居住区和历史建筑为例,提出了山地城市的声景营造策略。

本书可为城市规划、交通规划部门管理人员提供理论和实践参考,也可用作从事城市规划、建筑环境、噪声控制、声景、环境科学和社会学等领域的研究人员,相关专业科研单位的工程技术人员和设计人员,以及高等院校建筑、规划、声学等相关专业师生的参考书或教科书。

本书受国家自然科学基金面上项目"山地城市公园声景健康效益机理研究"(项目编号:51678089)、中国博士后基金特别资助"山地城市公共空间声景观研究"(项目编号:2014T70853)等课题支撑。

全书由谢辉、刘畅、李亨著。在本书的成稿过程中,戈禧芸、何益参与了第1章、第2章的资料收集和书稿整理,肖玉玮参与了第3章的资料收集和书稿整理,刘玮璠参与了第5章的资料收集和书稿整理,刘俊超、葛煜喆参与了第6章的资料收集和书稿整理。在此,对他们的工作表示感谢!

谢 辉 刘 畅 李 亨

2022 年 1 月

目 录
CONTENTS

第1章　绪　论

随着我国城镇化建设的推进和城市交通的发展,交通噪声污染的问题日趋严重,已逐渐成为制约人居环境质量提升和影响人们身心健康的重要环境因素之一。自20世纪80年代开始,许多国家和地区都对交通噪声污染问题提高了重视程度,在这几十年间开展了大量的交通噪声监测和研究,并建立了多种交通噪声预测模型。但截至目前,不论国内还是国外,对于交通噪声的研究均主要集中于平原城市,与山地城市交通噪声相关的研究则相对较少,相关资料也较为缺乏。在我国的国土面积中,山地、丘陵和高原的共计占比约为70%,尤其在我国的西南地区有着众多的山地城市,如重庆、攀枝花、贵阳等。其中多数城市由于辖区内平坦地区用地有限,会进一步向山地扩张,未来我国山地城市的数量也会进一步增加。因此,开展对山地城市交通噪声的特征研究和影响分析尤为重要。本章分别对交通噪声的产生与传播、预测模型与评价、控制原理与方法以及相关法律法规作了简要的梳理和论述。

1.1　交通噪声的产生与传播

1.1.1　交通噪声的来源

城市道路交通噪声的主要来源是汽车噪声和城市轨道交通噪声。汽车噪声主要由两部分组成,一部分产生于车辆自身的驱动系统,包括发动机、变速箱、风扇、轮轴、进排气系统等;另一部分产生于车辆轮胎和行驶路面摩擦。此外,当车速过高时,还会产生空气动力噪声[1]。车速、车流量和路面宽度等多个因素均会对汽车的噪声水平产生影响。而城市轨道交通噪声则是轨道列车在运行过程中产生的一系列噪声,包括轮轨噪声、高架结构噪声、车辆设备噪声、列车运行车体噪声等[2]。

道路交通噪声通常分为低频、中频和高频噪声。其中 2 000~16 000 Hz 的高频噪声主要来自汽车喇叭声;500~2 000 Hz 的中频噪声主要是汽车发动机振动和排气声;200 Hz 以下的低频噪声主要是汽车行驶过程中的轮胎噪声和气体噪声。此外,不同的车型、行驶速度以及路面构造也会对城市道路交通噪声的频谱产生显著影响。由于城市交通噪声成分复杂,导致了噪声频谱范围较宽。表 1.1 列出了 3 种不同车型的车辆在沥青路面和水泥路面上行驶时的行驶噪声频率和轮胎噪声频率。由于小型车的行驶速度相对较高,其对应的噪声频率是最高的,而大型车和中型车的噪声频率范围一般在 2 000 Hz 以下[1]。

表 1.1　车辆噪声的频率分布

车　型	车速 /(km·h⁻¹)	行驶噪声频率/Hz		轮胎噪声频率/Hz	
		沥青混凝土路面	水泥混凝土路面	沥青混凝土路面	水泥混凝土路面
小型车	60~120	500~2 000	630~2 500	630~2 000	800~2 500
中型车	40~80	80~800	125~1 600	160~1 000	315~1 600
大型车	40~80	80~1 000	250~2 000	250~1 000	315~2 000

1.1.2　交通噪声的危害

噪声污染会对人体产生诸多不良影响,如损伤听力、干扰睡眠、降低工作效率等,严重危害人们的身心健康[3]。据世界卫生组织(WHO)统计,在欧盟由交通噪声引起的人口过早死亡和健康状况变差而丧失的生命年达到了 160 万年。相对于中高频噪声而言,对人体影响较大的是低频噪声,交通噪声就是低频噪声的主要类型之一。中高频噪声与低频噪声是一个相对的概念,它们之间并没有明确的界限,不过目前国内外均将低频噪声的频率下限定为 20 Hz,若频率低于 20 Hz 则属于次声的范畴。交通噪声对人的危害主要表现在以下 3 个方面。

①交通噪声对人体最直接的危害是对听力的损害。噪声对听觉的影响是以人耳暴露在噪声环境前后的听觉灵敏度变化来衡量的,这种前后变化就是听力损失,即指人耳能听到的声音频率范围发生偏移,也简称为"阈值偏移"。如果人在噪声环境中暴露的时间不长,阈值偏移还能恢复,但如果人们长期在恶劣的噪声环境中工作,耳朵器官不断受到强烈的噪声刺激,就不能恢复到之前的听力阈值,进而产生噪声性耳聋。

②交通噪声会严重影响人们的睡眠质量。人在睡眠过程中对噪声是比较敏感的,所以低频噪声对睡眠的影响也是人们关注的焦点之一。大量研究表明,低频噪声对人

们的睡眠质量会产生消极影响。大量的间接性疾病会因为睡眠质量的降低而产生,如偏头疼、神经衰弱以及内分泌失调等。相关研究指出,当睡眠中的人受到 40~45 dB(A) 的噪声信号刺激时,脑电波会开始出现觉醒信号;10% 的人会因为听到 40 dB(A) 的突发噪声而警醒,当噪声达到 60 dB(A) 时则会使 70% 的人惊醒[4]。

③交通噪声还会对血压与心率产生影响。通过对低频噪声职业暴露的调查,发现长期暴露在低频噪声环境中可引发人体的血管收缩。长期在高噪声工作环境中的人群患神经衰弱综合征的比例明显高于正常人群,甚至也高于脑力劳动者。WHO 的相关报道称,常年接触高强度的噪声可能会产生抑郁症等精神疾病,增加自杀的倾向。高强度的噪声,尤其是 ≥95 dB(A) 的噪声,极易引起负面情绪,若较长时间暴露其中,紧张、忧郁、愤怒、疲劳、困惑等情绪会显著增加,具有明显的"量效"(Dose-response)关系。

此外,过强的交通噪声也会对建筑物和精密仪器设备造成一定的危害。有相关案例证明,当一架飞机以 1 100 km/h 的速度在 60 m 的低空飞过时,地面上距离较近的一幢楼房因飞机飞行时产生的噪声而遭到破坏。该飞机还仅是亚音速飞行,目前飞机的速度越来越快,甚至达到 5 倍音速,而由超声速飞行引起的空气冲击波将产生巨大的"轰声",声压级可达到 130~140 dB,使得人们听起来像是突如其来的爆炸声。当声压级达到 160 dB 时,不仅建筑物会受到一定程度的破坏,在极强的噪声作用下,灵敏的自控、遥控设备等也会因过强的连续震动而损坏、失灵。

1.1.3　交通噪声的传播

声波在传播过程中会产生反射、折射和衍射等现象,并在传播过程中逐渐衰减。这些衰减通常包括声能随距离增大引起的衰减 A_d、空气吸收引起的衰减 A_a、地面吸收引起的衰减 A_g,以及声屏障引起的衰减 A_b 等。总的衰减值 A 则是各种衰减的总和,如式(1.1)所示:

$$A = A_d + A_a + A_g + A_b \tag{1.1}$$

(1)声波随距离的发散衰减

声波从声源向周围空间传播时会产生发散,最简单的情况是以声源为中心的球面对称地向各个方向辐射声能。对于这种无指向性的声波,声强 I 和声功率 W 之间的关系可表示为式(1.2):

$$I = W/4\pi r^2 \tag{1.2}$$

当声源放置在刚性地面上时,声音只能向半空间辐射,半径为 r 的半球面面积为 $2\pi r^2$,因此半空间中的接收点的声强 I 计算如式(1.3)所示:

$$I = W/2\pi r^2 \tag{1.3}$$

由此可见,在自由声场中,当声功率 W 不变时,声强与距离 r 的平方成反比关系。

若用声压来表示,可得 r 处的声压 L_p(单位:dB),如式(1.4)、式(1.5)所示:

全空间: $$L_p = L_w - 20 \lg r - 11 \tag{1.4}$$

半空间: $$L_p = L_w - 20 \lg r - 8 \tag{1.5}$$

因此,从 r_1 处传播到 r_2 处时的发散衰减计算如式(1.6)所示:

$$A_d = 20 \lg(r_1/r_2) \tag{1.6}$$

(2)空气吸收的附加衰减

声波在空气中传播时,由于空气的黏滞性和热导性,在压缩和膨胀过程中,使一部分声能转化为热能而损耗,被空气吸收。此外,声波在介质中传播时,还存在能量交换,使声速改变,吸收声能。

(3)地面吸收的附加衰减

当声波沿地面长距离传播时,会受到各种复杂的地面条件的影响。开阔的平地、大片的草地、灌木树丛、丘陵、河谷等均会对声波的传播产生附加衰减。当地面为非刚性表面时,地面吸收将会对声波传播产生附加衰减,但短距离(30~50 m)的衰减可以忽略,而当距离在 70 m 以上时应予以考虑。

(4)声屏障衰减

声屏障一般指声源与接收点之间存在的由密实材料形成的障碍物。当声波经过声屏障时会产生显著的衰减。声屏障的主要作用是阻止直达声的传播,同时还能在一定程度上隔绝透射声,使衍射声也有一定的衰减。

声屏障的附加衰减与声源及接收点相对于声屏障的位置、声屏障的高度及构造,以及声波的频率有密切关系。一般而言,声屏障越高,声源及接收点离声屏障越近,声波频率越高,声屏障的附加衰减越大。

1.2 交通噪声的预测模型与评价

1.2.1 交通噪声的测量方法

对城市道路交通噪声进行监测,能为城市道路交通噪声水平的宏观评价提供基本的数据支撑,并能在一定程度上反映城市道路交通的噪声源强。合理运用噪声监测方法和分析手段,还可以进一步研究城市道路交通噪声级与车流量、路况等影响因素之间的关系。

国际标准《声学 环境噪声的描述、测量和评价 第 1 部分:基本参量和评价方法》(ISO 1996-1:2016)[5]和《声学 环境噪声的描述、测量和评价 第 2 部分:环境噪声级别的测定》(ISO 1996-2:2007)[6]为评估及预测交通噪声提供了指导依据。国外在道路交通噪声监测开展的初期,一般选择声压级较高的地点布置测点。道路交通噪声监测通常选择交通路口来进行布点,但这种方法仅能反映噪声污染的较高水平,不能代表一条道路的平均水平。目前,大多数国家采用自然路段布点法,即在每一自然路段中选择一个测点,这种布点方法能较为客观地反映一条道路或整个道路系统的噪声水平[7]。

我国对城市道路交通噪声的监测已经持续开展了 30 年,监测内容多为普查式监测,一般选在每年的春季或秋季,由当地的环保部门执行。根据城市规模的大小,监测点的数量可为几十至几百个,测试过程大多参考国家标准《声学 环境噪声的描述、测量与评价 第 1 部分:基本参量与评价方法》(GB/T 3222.1—2006)[8]和《声学 环境噪声的描述、测量与评价 第 2 部分:环境噪声级测定》(GB/T 3222.2—2009)[9]。在进行交通噪声的普查式监测时,每个监测点位均会在车行道路旁测量 20 min 的等效连续A 声级 L_{eq},并以此来代表一段路长的噪声排放值,同时还会同步记录噪声监测时的车流量和路况信息[10]。

1.2.2　交通噪声的评价指标

在评价交通噪声对人的影响时,不能仅看测试得出的声压级大小。因为人的听觉感受具有一定的主观性,即使是听到同一种声音,不同的人也会有不同的反应和感受。不同的频谱特征也会影响人对声音的感受,例如附近车辆的直达声就会比经声屏障降噪后的低频噪声更加响亮。同时,背景声(例如喷泉声和鸟鸣声)也会影响人们对声环境的主观评价。因此,为了较好地描述交通噪声对人们的影响,本书根据实际需要,选取了响度、响度级和等响度曲线,A 声级和等效连续 A 声级,昼夜等效声级和累计百分声级,交通噪声指数等评价指标进行介绍。

1)响度、响度级和等响度曲线

受人耳的听觉特性的影响,声压级相同但频率不同的声音会给人不一样的感受,比如 90 dB 的水泵噪声就比 90 dB 的空调噪声听起来要响得多,这是因为水泵和空调的噪声频谱存在一定差异。一般来讲,人们对 1 000~5 000 Hz 的声音比较敏感,而对低于 1 000 Hz 的声音不敏感。为描述这种现象,便引入了"响度"的概念。响度级则是用于表示声音响度的主观量,单位是 phon(方)。

等响度曲线是把某个频率的纯音与一定声压级的 1 000 Hz 纯音比较,当人听到的声音一样响时,就把该频率的声压级大小标在图上。在许多频率的纯音与该1 000 Hz纯音相比较之后都把声压级均标出后,便得到等响度曲线。

2)A 声级和等效连续 A 声级

用 A 计权网络测量的声压级叫作 A 声级,单位是 dB(A)。A 计权网络是参考倍频程等响曲线中的 40 phon 曲线而设计的,它较好地模仿了人耳对低频段(500 Hz 以下)声音不敏感,而对 1 000~5 000 Hz 的声音敏感的特点。由于 A 声级是单一数值,容易直接测量,是噪声所有频率部分的综合反映,并且与人的主观感受接近,所以在噪声测量中得到广泛的应用,并在多数场合下被作为评价噪声声压级大小的标准。

等效连续 A 声级是指在规定的时间 T 内,A 声级的能量平均值,用 L_{eq} 表示。尽管 A 声级能很好地反映噪声的强度和频率对人耳的影响,但是对于不连续的噪声和起伏不定的噪声,A 声级并不能很好地反映噪声状况。比如交通噪声是非连续噪声,有车辆通过时噪声会达到 80 dB(A),没有车辆时就只剩下较低的背景噪声。对于不连续的噪声,人们通常取一定时间范围内噪声能量的平均值来评价,即等效连续 A 声级,简称"等效声级"。根据定义,等效声级的表示如式(1.7)所示:

$$L_{eq} = 10 \lg\left(\frac{1}{T}\int_0^T 10^{0.1L_A}dt\right) \tag{1.7}$$

式中　L_A——t 时刻的瞬时 A 声级,dB(A);

　　　T——规定的测量时间段。

虽然等效连续 A 声级能很好地反映人耳的主观感受,但是当噪声中包含较强的冲击噪声时,等效连续 A 声级不能很好地反映短时间内的高分贝噪声影响。

3)昼夜等效声级和累计百分声级

(1)昼夜等效声级

昼间等效声级是在昼间规定时间内测得的等效 A 声级,用 L_d 表示。夜间等效声级是在夜间规定时间内测得的等效 A 声级,用 L_n 表示。昼夜等效声级为昼间和夜间等效声级的能量平均值,用 L_{dn} 表示,计算式如式(1.8)所示:

$$L_{dn} = 10 \lg\left[\frac{1}{24}(16 + 10^{L_d/10} + 8 \times 10^{(L_n+10)/10})\right] \tag{1.8}$$

式中　L_d——白天(06:00—22:00)的等效声级;

　　　L_n——夜间(22:00—06:00)的等效声级。

测量时,昼间时段为 06:00—22:00,夜间时段为 22:00—06:00,同时还应根据各地的具体情况和要求作出适当调整。昼夜等效声级能更好地反映人们在安静的环境中对于噪声的反应,更好地体现人们对噪声的敏感性,因此昼夜等效声级是较为合适的噪声评价因子。通常在评价 24 h 交通噪声时,采用昼夜等效声级是较为理想的。

(2)累计百分声级

累计百分声级是用于评价测量时间段内噪声强度时间统计分布特征的指标,指占测量时间段一定比例的累积时间内 A 声级的最小值,用 L_N 表示,单位为 dB(A)。累计百分声级能对噪声的起伏变化过程作出简单而又直接的评价,常用的是 L_{10},L_{50},L_{90}。其含义如下:

L_{10}——在测量时间内有 10% 的时间 A 声级超过的值,相当于噪声的峰值;

L_{50}——在测量时间内有 50% 的时间 A 声级超过的值,相当于噪声的平均值;

L_{90}——在测量时间内有 90% 的时间 A 声级超过的值,相当于背景噪声值。

4)交通噪声指数

起伏的噪声比稳态的噪声对人的干扰更大,交通噪声指数就是考虑到噪声起伏的影响,加以计权而得到的,通常记为 TNI。因为噪声级的测量是用 A 计权网络,所以其单位为 dB(A),其数学表达式如式(1.9)所示:

$$TNI = L_{90} + 4d - 30 \tag{1.9}$$

$$d = L_{10} - L_{90} \tag{1.10}$$

d 反映了交通噪声起伏的程度,d 越大表示噪声起伏越大,TNI 也越大,即对人的干扰越大。噪声干扰也同背景噪声有关,L_{90} 越高,即背景噪声越大,对人的干扰也越大。

在实际运用中,交通噪声指数 TNI 不适合用于车流量较少的情况。此外,在进行 TNI 的计算时,其数据采样往往容易引起误差。但总的来说,TNI 在交通噪声评价中仍是一个重要的评价量[2]。

1.2.3 交通噪声预测模型

开发交通噪声预测模型,对于预测和评价道路交通噪声水平,制订交通噪声的限值标准和防治政策具有重要意义。在一般情况下,道路交通噪声主要受两种类型的因素影响。第一种是从声源层面对噪声的强弱产生影响,如行驶速度、车型大小、车流量大小、道路坡度以及路面材料等;第二种是从噪声传播途径层面对噪声的强弱产生影响,如接收点到声源的距离、植被覆盖率、声屏障性能、道路周边的各种物体对噪声的反射情况、空气的温湿度以及风速等。

国外交通噪声预测模型研究的起步较早,多个发达国家已经成功开发了适用于自己的交通噪声预测模型以及相应的噪声预测软件[15](见表 1.2)。1978 年 12 月,美国开发了将 L_{eq} 作为基础评价指标的 FHWA 公路交通噪声预测模型[11],该模型经过数次改进,于 2016 年升级为 FHWA TNM 3.0 版本。最新的 FHWA TNM 3.0 版本修复了老旧版本模型中的部分算法错误,附加了直接导入和处理 GIS、CAD 文件的功能,同时还新增了 L_{10} 和 L_{50} 评价指标,这使得该噪声预测模型在更多国家和地区得到应用。CRTN 模型由英国开发,评价指标为 L_{10},该模型最早发布于 1975 年,经过几次更新后,于 1988 年形成了较为完善的改进版 CRTN88[4,12]。值得一提的是,在处理交通噪声的投诉或案件时,该模型几乎是英联邦国家唯一认可的标准。RLS81 模型由德国于 1981 年发布,该模型以 L_{eq} 为评价指标,包含了声源模型和声传播模型共 2 个子模型[13]。经过数年的模型修正,德国于 1990 年发布了改进版 RLS90 模型。上述模型都是各国基于自身道路交通噪声特点开发的预测模型,具有一定的通用性,可用于本国的一般交通噪声预测。除上述模型外,法国、意大利、西班牙、奥地利、荷兰、新加坡等国家也都相继开发了适用于本国的道路交通噪声预测模型。由此可以看出,各国对交通噪声的重视程度越来越高,开展交通噪声预测模型的研究很有必要。

欧盟基于其噪声政策和指导方针,在 2012 年提出了欧洲通用的噪声评估方法 Common noise assessment methods in Europe(CNOSSOS-EU)[14]。基于长期的噪声监测经验和相关研究,CNOSSOS-EU 建立了较为完善的道路交通噪声源强模型。该模型以车辆的总质量和轮轴数为标准,共划分了多个不同的车辆类型。考虑到车辆质量和轮轴数差异,该模型对应地提出了不同车辆类型的轮胎滚动噪声和动力系统噪声的计算公式,并针对不同车辆类型提出了相应的噪声辐射水平计算公式。此外,该模型还考虑了不同的行驶条件,如行驶速度、道路坡度、路面材料、温度等多种因素对噪声的影响。该模型作为目前世界上较先进的道路交通噪声源强模型,对我国道路交通噪声领域的研究具有较大的参考价值。

表 1.2　常用交通噪声预测模型比较[15]

模　型	FHWA 公路交通噪声预测模型	FHWA 交通噪声模型（FHWA TNM）	CRTN 模型	RLS90 模型
车流状况	恒定车速、爬坡	恒定车速、加速、爬坡以及中断	恒定车速、爬坡	恒定车速、爬坡、道路交叉、中断
输入数据	车速、车流量、道路及其周边环境数据、当地车辆特点	车型、车流量、车速、是否有中断、道路及其周边环境数据、当地车辆特点	重型/轻型车比例、车流量、车速、道路及其周边环境数据	车型、车流量、车速、公园或道路,以及周边环境数据
是否预测车流量	否	否	否	是
噪声指标	L_{eq}	L_{eq}、L_{10} 和 L_{50}	L_{10}	L_{eq}
车辆类型	小型/中型/重型车	小型/中型/重型车/公共汽车/摩托车/自定义	轻型/重型车	轻型/重型车/停车场
主要缺点	未考虑中断	只考虑简单的中断	不评价 L_{eq},未考虑中断,未考虑当地车辆特点	只考虑简单的中断,未考虑当地车辆特点
使用国家（地区）	美国、加拿大、日本、墨西哥	美国、加拿大、日本、墨西哥	英国、澳大利亚、中国香港、新西兰	德国

由于交通法规和噪声政策的差异,国外的交通噪声状况与国内存在一定差别,部分国外的预测模型在使用过程中的准确性有所欠缺。尽管国内尚未推出全国通用的道路交通噪声模型,但在国内应用相对较多的是《环境影响评价技术导则　声环境》

（HJ 2.4—2021）（下文简称《声环境导则》）中推荐的道路交通噪声模型。我国在《声环境导则》使用了大、中、小 3 种不同的类型来对车辆进行了划分，但是对于车辆噪声源强的算法没有过多的阐述，也无详细的规定。这导致在实际工作中，不同的环境评价部门单位通常会自行选择车辆噪声源强模型，进而产生同一项目的预测结果差异较大的问题。因此，借鉴国外经验，深化道路交通噪声预测模型研究，并建立完善我国自己的道路交通噪声模型，将对我国公路和城市道路建设项目的噪声预测工作起到较大的推动作用[16]。

1.3　交通噪声的控制原理与方法

当声音从声源向外传播时，接收点处的声压级大小主要由两个因素决定：声源强度和传播途径。城市交通噪声控制措施主要包括两部分，一部分为噪声源的控制；另一部分为声音传播途径中的降噪措施。

1.3.1　交通噪声声源

减少噪声排放，尽可能地控制噪声源是控制交通噪声的首要措施。道路交通噪声排放主要与汽车行业、轮胎行业和道路建设方密切相关。车辆自身驱动系统产生的发动机噪声主要与汽车行业自身有关，而轮胎与路面摩擦所产生的轮胎噪声则与这三方都有关系。

图 1.1 显示了在 50 km/h 的速度下，汽车的轮胎噪声和发动机噪声的声功率级和 A 计权声功率级[11]。发动机噪声的最大值位于低频（约 80 Hz 处），这与发动机的转速或点火速度有关。在低频噪声范围内，轻型车辆的发动机噪声占主导地位，从 31.5 Hz 一直持续至 400 Hz。而对于重型车辆，除了 800 Hz 处的轮胎噪声较强外，发动机噪声在整个频率范围内占主导地位。若仅考虑车速为 50 km/h 时各频率处的 A 声级，则轻型车辆是以轮胎噪声为主，重型车辆是以发动机噪声为主[11]。

欧盟 CNOSSOS-EU 模型提出了不同噪声源强度与车辆行驶速度之间的关系，如图 1.2 所示。标准情况下，对于轻型车辆而言，当车速达到 30 km/h 以上时，轮胎与道路摩擦产生的轮胎噪声占据主导地位。而对于重型车辆而言，当车速达到 70 km/h 以上时，占主导地位的噪声类型才会发生转变[11]（图 1.2 中所示的图表适用于四轮轴和六轮轴的重型车辆）。实际情况中，噪声源强度与车辆行驶速度之间的关系会与标准情况有较大的差异。例如，车辆在加速时或在上坡行驶时会导致发动机噪声的增加，而当车辆在石头骨料较小或多孔路面上行驶时轮胎噪声则会降低。此外,个人的驾驶习惯和不同的汽车品牌型号也会导致不同的结果。基于频谱的时频特性,即使当轮胎噪声占主导地位时,在一定程度上也可以听到发动机噪声。大多数的降噪措施对高频声的降噪效果更明显,这意味着降噪处理后的声音通常以低频声为主。

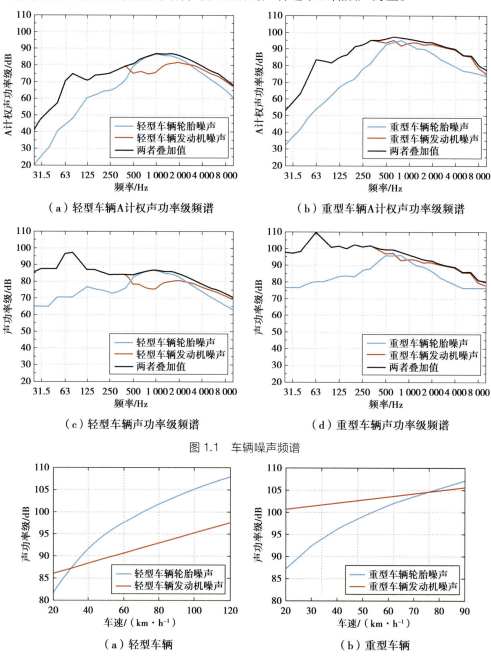

（a）轻型车辆A计权声功率级频谱　　　　（b）重型车辆A计权声功率级频谱

（c）轻型车辆声功率级频谱　　　　（d）重型车辆声功率级频谱

图 1.1　车辆噪声频谱

（a）轻型车辆　　　　（b）重型车辆

图 1.2　噪声源强度与车速之间的关系

一般来说,降低发动机噪声的措施包括提升发动机和动力传输系统的噪声屏蔽性能(尤其针对重型车辆)、提高发动机舱的密封性、降低发动机的最大功率、提高进气和排气系统的消声器性能。降低轮胎与路面摩擦产生的噪声,一般可从轮胎自身和道路情况两方面考虑。从车辆轮胎的角度出发,可开发适用于较低车速(如低于150 km/h)的低噪声轮胎,降低轮胎的滚动阻力,该措施能在降噪的同时减少油耗。主要的车辆噪声源控制措施及降噪效果如表 1.3 所示。从道路自身出发,可对道路进行质量控制,包括监测道路表面、优化路面结构、使用较小的石材骨料和多孔沥青等。

表 1.3 车辆噪声源控制措施及降噪效果

声源类型	控制措施	降噪效果/dB
发动机	安装发动机隔声装置	3~6
	对发动机表面噪声采取隔声措施	2~4
	使用低噪声发动机	2~6
排气系统	安装更高效的消声器	2~3
	排气管合理悬挂和减振	0~1
进气系统	合理优化消声器,降低噪声	1~2
轮胎	使用低噪声轮胎	高速条件下 2~6
冷却系统	优化风扇结构,采用低噪声风扇	1~2
传动系统	提高结构精度,采用低噪声齿轮箱体	1~2

电动汽车已在我国和部分发达国家的大型城市中投入使用。首先,电动汽车具备较好的加速性能,特别适合用于需要频繁停车和加减速的公共汽车。其次,电动汽车使用清洁能源,能在很大程度上解决汽车尾气的污染问题。再者,它的驱动系统产生的噪声较小,主要噪声为轮胎与地面摩擦产生的噪声,其总体噪声水平明显低于普通的内燃机车辆。目前,有很多国家正在研究新能源车辆,虽然这些新型车辆在降低噪声污染和排气污染等方面已取得一些成效,但是由于技术、经济成本等原因,目前未能广泛地使用[17]。

1.3.2 交通噪声传播路径

当声音从声源向外传播时,接收点处的声压级大小除与声源大小有关外,还与其传播途径,即声源和接收点之间的距离、空气等传播介质的性质、地面材料和边界性质,包括声屏障和其他障碍物等因素有关。

1)传播距离

在自由声场中,点声源产生的声音呈球面传播,与声源的距离每增加一倍,声压级就降低6 dB;线声源产生的声音呈圆柱面传播,与声源的距离每增加一倍,声压级就降低3 dB。对道路交通噪声最大声压级进行模拟时,一般是将单个车辆视为噪声源。而对平均声压级或等效声压级进行模拟时(如使用24 h内的平均声能来计算的L_{dn}和L_{eq}),则需将整条道路视为噪声源。在车行道路较长且地面、风速等其他环境因素的影响不大时,每增加一倍距离,最大声压级会衰减6 dB,等效声压级会衰减3 dB[4]。

2)传播媒介

声音在空气中的传播与风速、气温等气象条件有关。声音在空气中的折射角度取决于空间中不同高度的风速及温度的变化曲线(见图1.3)。当声音没有发生折射时,声线密度在各方向都是一致的,并随传播距离的增加逐渐降低。当声音的传播方向与风向一致,或是空气温度随高度的增加而增加时,声音的传播路径均会向下弯曲,且声压级也会显著增大。反之,声音则会向上弯曲且声压级也会大大降低。通常情况下,声音的折射效应会随传播距离的增加而愈加显著[16,18]。

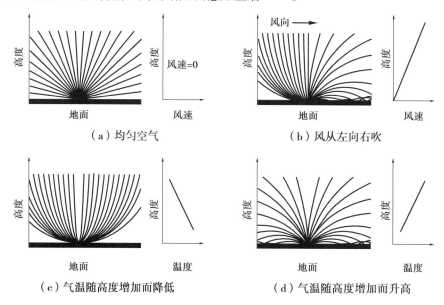

（a）均匀空气　　　　　　　　　（b）风从左向右吹

（c）气温随高度增加而降低　　　（d）气温随高度增加而升高

图1.3　声线图

从声音传播媒介角度控制噪声传播的方式包括:在声屏障后面种植树木,从而吸收因声屏障而向下折射的声波,以提高声屏障的降噪效果;在道路旁种植树木或是安装声子晶体型声屏障使声波向上折射。

3)边界条件

在平坦的地面上,接收点处的声波包括直达声和地面反射声两部分。直达声和反射声之间相互作用的效果称为"地面效应"。在某些频率下,直达声和反射声会部分相互抵消,从而比没有地面反射时的声压级小;在其他一些频率下,两列声波会相互增强,从而使声压级变大。当交通噪声通过刚性地面(例如沥青)传播时,直达声和地面反射声通常会相互增强,导致声压级增加。但当交通噪声通过柔性地面(例如草坪)传播时,两列波可能会在相对较宽的频率范围内相互抵消,从而使声压级降低。

为了降低交通噪声对城市环境的影响,可以采用降噪路面。这是一种新型路面形式,又称为多孔性沥青路面、透水路面或者排水路面。它与普通沥青路面或水泥混凝土路面的区别在于,路面上层又铺筑了一层孔隙率很高的沥青混合料,从而实现低噪的效果。沥青混合料的降噪原理[17]可以概括为以下几点:

①减少反射声。其降噪机理与多孔材料相似,既能吸收汽车部件产生的辐射噪声,又能吸收汽车底盘反射的轮胎噪声和其他从路面反射的噪声。

②降低气泵噪声。由于面层的孔隙相互连接,轮胎与路面接触时,胎面花纹中的空气可以从路面材料的孔隙中溢出,以减少空气压缩爆破引起的噪声,也使气泵噪声由高频变为低频。

③降低附着噪声。与密实路面相比,轮胎在多孔沥青路面上行驶时,减少了轮胎与路面的有效接触面积,从而降低了附着噪声。

④减少振动噪声。多孔沥青混合料具有较高的弹性和较大的阻尼系数,可以有效地吸收轮胎振动引起的噪声,使声能迅速衰减,从而大大降低轮胎与路面之间的振动噪声。

⑤降低冲击噪声。多孔沥青混合料浇筑的路面具有良好的路面平整度,从而可以有效降低行驶过程中产生的冲击噪声。

4)声屏障

但无论是从声源处控制噪声,还是从传播媒介着手,都只能对噪声起到一定的降低作用,无法从根本上消除噪声对人的不利影响。尤其是当道路两侧有医院、学校、居民区和其他对噪声有严格要求的敏感场所时,控制噪声的传播尤为重要。根据国内外多年的实践经验,建立声屏障是控制噪声的有效方法。

声屏障是使声波在自由传播过程中受到阻挡,从而在特定区域实现降噪的装置,任何不透声的固体障碍物都可作为声屏障。声源辐射噪声遇到声屏障后,主要沿 4 种路径传播,如图 1.4 所示。第 1 种是声波直接到达未被声屏障屏蔽的接收点(S);第 2 种是声波越过声屏障顶部发生绕射(D),从而在障碍物背后一定距离内形成"声影区",此时绕射角越大,声影区内的噪声级也越低;第 3 种是声波直接透过声屏障到达接收点(T);第 4 种则是声波在声屏障壁面上产生反射(R)[17]。

对于常规的声屏障,若不考虑声音经过声屏障传播时的透射和绕射,高度是影响其隔声性能的主要因素。图 1.5 显示了在近自由声场的条件下,某种薄而坚硬的声屏障的插入损失与声屏障高度的关系[11]。若声源和接收点都置于平坦的刚性地面,声源、声屏障和接收点的位置固定不变,声屏障造成的插入损失将减少约 6 dB。对于较高的屏障,插入损失通常减少 6 dB,而对于较低的屏障,屏障边缘和地面之间会形成多重反射,从而影响声屏障的隔声效果。低频段声音的插入损失较低,且会随频率而增加。在较高的频段,每个倍频带的插入损失会增加 3 dB。声屏障的高度对高频声的插入损失影响大于低频声。实际情况中,气象条件也会影响声屏障的插入损失。

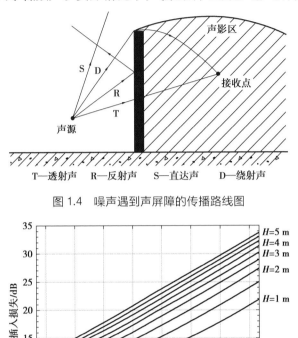

图 1.4　噪声遇到声屏障的传播路线图

图 1.5　声屏障在近自由声场下的插入损失与声屏障高度的关系

　　除了增加声屏障的高度外,加宽声屏障的顶部,或将屏障放置在靠近声源或接收点处,也可以改善它的隔声效果。因此,在城市环境中,由于受到视线、景观等因素的限制,声屏障的高度不宜过高,若声屏障可邻近交通噪声源设置,也可起到较好的隔声作用。为了进一步提高这种情况下声屏障的隔声效果,可增加其顶部宽度,并在声屏障顶部和表面合理应用吸声材料,以吸收城市环境中来自声屏障、汽车、建筑表面等的多次反射声。

　　因此,从声音传播的边界条件角度控制噪声传播的方式包括:将刚性、平滑的地面替换成柔性、粗糙的地面;声屏障设计;在声屏障、建筑立面和建筑屋顶上使用吸声材料,如植物栽培基质等[4]。

1.4　交通噪声相关法律法规

1.4.1　中国噪声污染防治标准和法规

我国先后发布了多部法律法规文件从宏观上控制噪声污染。1989 年施行的《中华人民共和国环境噪声污染防治条例》是我国第一部关于噪声污染的行政法规文件，具体规定了环境噪声标准、环境噪声监测及各类噪声污染防治。1997 年施行、2018 年修订的《中华人民共和国环境噪声污染防治法》要求：国务院和地方人民政府应当将环境噪声污染防治工作纳入国家经济和社会发展计划，采取必要的对策和措施；地方各级人民政府在制定城市、村镇建设规划时应当合理地划分功能区和布局建筑物、构筑物、道路等，防止噪声污染，保障生活环境的安静。

《中华人民共和国噪声污染防治法》第九条规定："任何单位和个人都有保护声环境的义务，同时依法享有获取声环境信息、参与和监督噪声污染防治的权利。"第二十二条规定："排放噪声、产生振动，应当符合噪声排放标准以及相关的环境振动控制标准和有关法律、法规、规章的要求。排放噪声的单位和公共场所管理者，应当建立噪声污染防治责任制度，明确负责人和相关人员的责任。"第二十四条规定："新建、改建、扩建可能产生噪声污染的建设项目，应当依法进行环境影响评价。"

此外，《中华人民共和国治安管理处罚法》第五十八条规定："违反关于社会生活噪声污染防治的法律规定，制造噪声干扰他人正常生活的，处警告；警告后不改正的，处 200 元以上 500 元以下罚款。"

《中华人民共和国环境保护法》第二十四条规定："产生环境污染和其他公害的单位，必须把环境保护工作纳入计划，建立环境保护责任制度；采取有效措施，防治在生产建设或者其他活动中产生的废气、废水、废渣、粉尘、恶臭气体、放射性物质以及噪声、振动、电磁波辐射等对环境的污染和危害。"

总的来说，我国在噪声防治方面已建立了较为完善的法律法规、标准体系。我国的噪声允许标准通常由国家标准和主管部门颁发的部门标准和地方性标准组成，与国际标准基本接轨。我国现行的部分环境噪声标准如表 1.4 所示。

表 1.4　我国现行的部分环境噪声标准

标准编号	标准名称
GB 3096—2008	声环境质量标准
GB 9660—1988	机场周围飞机噪声环境标准
GB 12348—2008	工业企业厂界环境噪声排放标准
GB 12523—2011	建筑施工场界环境噪声排放标准
GB 12525—1990	铁路边界噪声限值及其测量方法
GB 22337—2008	社会生活环境噪声排放标准
HJ 640—2012	环境噪声监测技术规范 城市声环境常规监测
HJ 918—2017	环境振动监测技术规范
HJ 2.4—2021	环境影响评价技术导则 声环境
GB/T 15190—2014	声环境功能区划分技术规范
HJ 2055—2018	城市轨道交通环境振动与噪声控制工程技术规范

在《声环境质量标准》[19]（GB 3096—2008）中规定了 5 类声环境功能区的环境噪声限值及测量方法,适用于声环境质量评价与管理,如表 1.5 所示。按区域的使用功能特点和环境质量要求,声环境功能区分为以下 5 种类型。

表 1.5　声环境功能区

类　别		时　段	
		昼间/dB	夜间/dB
0 类		50	40
1 类		55	45
2 类		60	50
3 类		65	55
4 类	4a	70	55
	4b	70	60

①0 类声环境功能区:指康复疗养区等特别需要安静的区域。

②1 类声环境功能区:指以居民住宅、医疗卫生、文化教育、科研设计、行政办公为主要功能,需要保持安静的区域。

③2 类声环境功能区:指以商业金融、集市贸易为主要功能,或者居住、商业、工业混杂,需要维护住宅安静的区域。

④3 类声环境功能区:指以工业生产、仓储物流为主要功能,需要防止工业噪声对

周围环境产生严重影响的区域。

⑤4 类声环境功能区:指交通干线两侧一定距离之内,需要防止交通噪声对周围环境产生严重影响的区域,包括 4a 类和 4b 类两种类型。4a 类为高速公路、一级公路、二级公路、城市快速路、城市主干路、城市次干路、城市轨道交通(地面段)、内河航道两侧区域;4b 类为铁路干线两侧区域。

当噪声源位于噪声敏感建筑物内部,噪声通过建筑物结构传播至噪声敏感建筑物室内时,噪声敏感建筑物(如住宅建筑)室内等效声级不得超过《民用建筑隔声设计规范》[20] 所规定的限值,如表 1.6 所示。

表 1.6　住宅建筑内卧室、起居室室内允许噪声级

房间名称	噪声限值/dB		高要求标准限值/dB	
	昼　间	夜　间	昼　间	夜　间
卧室	45	35	40	30
起居室	45		40	

1.4.2　国外噪声污染防治标准和法规

美国、德国、法国、日本等发达国家均制定了噪声控制法,并对航空噪声单独立法。世界卫生组织(WHO)针对社区噪声已发布许多噪声管理的关键条例,包括降噪指南、预测模型、噪声控制措施的评估、建立噪声排放标准、噪声暴露评估、噪声暴露与噪声排放标准的依从关系等。美国为从噪声源头进行管控,建立了法典、联邦法规、州和城市法规 4 个层次的噪声控制法规标准体系,各级法律法规对噪声排放控制均有要求。欧盟制定了环境噪声指令《环境噪声评估与管理》(2002/49/EC),要求成员国根据噪声地图制订噪声行动计划并采取相应措施以减少噪声污染。欧盟各成员国也根据指令要求制定了环境噪声控制法规标准体系,并针对地面交通基础设施、航空器、工业设备、移动机械等产生的噪声以及邻里活动噪声等主要噪声源,建立相应的管理控制体系。

(1)法国

在法国,有 700 万人白天暴露于噪声水平超过 65 dB(A)的环境中,占总人口的 12%,可见环境噪声污染之严重。约有 75%的环境噪声是由地面交通运输设施造成的,特别是公路运输基础设施对沿线地区干扰严重。因而如何减少道路交通噪声周边环境的干扰对当地百姓和交通管理者至关重要。目前,法国已经出台了许多法律规定,对现有道路以及新建道路噪声排放限值作出要求,以减少道路交通噪声的影响。

针对现有道路,主要采取噪声黑点(NP)消除和环境噪声预防计划(Plan de Prévention du Bruit dans l'Environnement,简称为 PPBE)两种措施。法国第 2006—361

号法令要求有关当局采取环境噪声预防计划(PPBE),并为常住居民超过 10 万的城市制作噪声地图。PPBE 的实施具体可分为 4 个阶段:识别嘈杂区域、确定降噪措施、制定 PPBE、实施 PPBE 评估。其重点是防止噪声的影响,必要时降低噪声水平,以及保护区域的安静。

《环境法》(原 1995 年第 95—22 号法令)中也对新建、改建道路基础设施的噪声作出了规定。这些规定旨在直接对基础设施进行降噪处理或必要时通过隔声屏来保护现有敏感建筑[21]。

(2)德国

德国有 50%以上的人口为道路交通噪声所困扰,但德国目前还没有控制道路交通噪声的一般规定,只有新建道路或者现有道路要进行重大变动时,才会对噪声的排放限值作出规定。

对于新建或改建道路,《交通噪声条例》(实施《联邦排放控制法》)的第十六条)对其交通噪声的排放值作出了规定。例如道路交通路线发生重大变化,道路延伸一条或多条连续车道,导致昼间等效噪声至少增加 3 dB(A)或增加至 70 dB(A)或在夜间增加至 60 dB(A)(不适用于商业区)等情况,其排放限值如表 1.7 所示。

表 1.7　德国交通路线发生重大变化时各区域噪声排放限值

区域类型	噪声排放限值/dB	
	昼　间	夜　间
医院、学校、疗养院和养老院	57	47
纯住宅区和一般住宅区以及小型居住区	59	59
核心区、村庄区和混合区	64	54
工业区	69	59

《交通噪声条例》中还对如何计算建筑物受噪声污染的程度作出了规定,该规定具有强制性。如果计算噪声水平(评估水平)超过规定的排放限值,则必须对道路噪声进行控制。通常优先采用道路上的结构隔声措施,如隔声屏障。而对受影响建筑物进行隔声处理(如安装隔声窗)则是最后的选择。隔声屏障的降噪效果根据《道路噪声控制指南》(RLS—90)进行计算,外墙和外窗的隔声效果根据《道路噪声保护措施条例》进行计算。

对于现有道路,德国没有相关法律要求降低道路交通噪声。若需对联邦公路两侧建设用地进行降噪补救,联邦政府可以根据预算规定提供自愿补助金,但只有在噪声评估水平超过噪声限值(见表 1.8)时才进行[22]。

表 1.8　德国联邦公路两侧区域实行降噪措施的噪声限值

区域类型	噪声排放限值/dB	
	昼　间	夜　间
医院、学校、疗养院和养老院	67	57
纯住宅区和一般住宅区以及小型居住区		
核心区、村庄区和混合区	69	59
工业区	72	62

（3）英国

根据欧盟的噪声指令，英国于 2006 年颁布了《环境噪声法》，于 2010 年发布了《英格兰噪声政策声明》。同时噪声环境标准和规范又以技术规范的形式要求严格执行环境影响评价制度，以预防噪声污染。《英国规划政策指导说明 PPG24》指导地方政府在规划过程中考虑噪声防控，并引入噪声暴露等级（NEC），根据噪声源类型来区分等级，如表 1.9 所示。规划部门可根据实际情况，制定适宜的噪声控制措施，从而推进规划布局在噪声防治方面的应用。

表 1.9　英国对噪声暴露等级的要求

NEC 等级	对噪声的要求
A	在规划许可中，噪声不是最重要的参考因素
B	噪声是规划许可需要考虑的因素，并采取充分的噪声防护措施； 在规划许可中，噪声需要得到一定重视，并且保证噪声得到控制
C	在这个等级，一般情况下，规划许可得不到批准。在没有其他更安静区域的情况下，保证噪声得到控制
D	规划许可一般不会通过

（4）美国及澳大利亚

美国的噪声防控主要围绕 1972 年颁布的《噪声控制法》，以源头控制主要噪声源为核心，从而通过制定噪声源（运输车辆、设备、产品）排放标准来实现噪声控制。1969 年，美国联邦法院通过《美国国家环境政策法令》，在环境噪声政策方面实现了重大突破。随后美国环境保护局（EPA）又发布了等级文件（US EPA 1974）。接着，美国环境保护局、交通部、联邦航空管理局、住房和城市发展部、国家航天和空间管理局、联邦铁路管理局、联邦噪声协调委员会等多个主要联邦机构，都发布了关于环境噪声及其对人群影响的重要文件。

澳大利亚的环境噪声管理主要基于各州发布的法律和法规。例如，西澳大利亚州的环境噪声管理主要基于本州的《环境保护法》和《环境噪声法》。表 1.10 列出了西澳大利亚州不同类型区域的噪声限值。标准限值基于 A 计权统计声级,并列出了 L_{A10}、$L_{A,min}$ 和 $L_{A,max}$ 3 个室外统计声级限值。为了保护居住环境,噪声标准对噪声敏感建筑物 15 m 范围内区域作出了规定,而超过 15 m 就可以相对放宽限值。

表 1.10   西澳大利亚州不同类型区域的噪声限值

噪声接收位置	时 段	噪声限值/dB(A)		
		L_{A10}	$L_{A,min}$	$L_{A,max}$
距噪声敏感建筑物 15 m 以内范围	昼间	45+环境修正值	55+环境修正值	65+环境修正值
	傍晚	40+环境修正值	50+环境修正值	65+环境修正值
	夜间	35+环境修正值	45+环境修正值	55+环境修正值
距噪声敏感建筑物 15 m 以外范围	全部时段	60	75	80
商业用地	全部时段	60	75	80
工业用地	全部时段	65	80	90

第2章　山地城市交通噪声分布特征

山城的交通方式相对简单,机动车是居民的主要交通工具。但山地城市道路坡度大、道路窄、弯道多,机动车引起的交通噪声问题尤为突出,具有不同于平原城市的声环境特征。本章系统地阐述了山地城市道路交通特征及交通噪声分布特性,并在此基础上,分别从声环境主、客观评价,城市形态和声环境管理政策的角度,对比分析了山地城市与平原城市交通噪声的特征差异。

2.1　山地城市道路交通特征

山地城市道路一般依地势而建,路网密度往往分布不均。山地城市道路的可靠性和可达性较低。因为城市群内部由于城市地形起伏,道路总体宽度窄,坡度变化大,弯道变化大。此外,由于地形条件和施工条件的限制,部分道路无法贯通,多处道路破碎,道路连通性差。就城市群而言,山地城市发展到一定规模后,群与群之间的跨度往往较大,群与群之间的连接道路有可能过山或过河,设置难度大,建设成本高。因此,承担城市群间联系的道路较少,单一道路承担的交通流量过大,道路可达性进一步降低。由于山地城市道路环境特殊,其道路声环境也异于平原和丘陵地区,主要表现在以下 4 个方面。

（1）道路起伏频繁,纵坡大

一般情况下,纵坡坡度越大,噪声越大。对于同一车辆,当坡度小于 2% 时,噪声主要是轮胎噪声,与坡度大小和上坡下坡几乎无关;当上坡坡度为 3%~4% 时,噪声将增加 2 dB（A）;当上坡坡度为 5%~6% 时,增加 3 dB（A）;当上坡坡度为 7% 时,增加 5 dB（A）。在车辆类型上,坡度对小型汽车的影响不大,但对大型汽车,特别是对卡车的影响很大。货车在上坡时产生的噪声比平坡时高 10~15 dB(A),噪声主要是车辆的发动机噪声;在下坡路段,由于货车的刹车和轮胎与地面的摩擦,货车的噪声仍比平坡时高 3~5 dB(A)[23]。

"路无三尺平"是人们对山地城市道路的直接认识,而纵坡道路沿线的交通噪声通常会更加严重。以重庆市为例,城市道路起伏,坡道比例较高。城区坡度大于3%的道路占80%以上,而坡度大于5%的也有很多。重庆市政府驻地的渝中半岛,位于长江与嘉陵江交汇处的狭长半岛形陆地上,道路随地形蜿蜒起伏,除了南、北、中3条主干道因平行于江岸而坡度相对较小外,中兴路、南区路、棉花街等干道之间的联系道路的坡度一般较大,部分路段纵坡甚至超过9%。此外,山地城市重型车辆的比例也较大,这进一步加剧了坡度对山地交通噪声的影响。

(2)弯道和小半径路段多,噪声高

山地城市道路总体以弯道多、曲度大、交叉口、断头路较多为特征,非直线系数较大。当汽车在半径小于400 m弯道上行驶时不可避免会有频繁制动减速、刹车与加油提速,这时汽车发动机以及轮胎与地面摩擦的噪声会显著增加。此外,由于山地道路曲折,当汽车行至拐角处,容易形成视线盲区或造成视线干扰,这不仅会影响汽车行驶速度,也会增加驾驶员使用鸣笛的频率,从而使交通噪声进一步增大。

中小半径弯道常见于山地城市道路,尤其是低山及重丘地区的城市道路,因而这些区域的交通噪声明显高于浅丘及平原地区的城市道路。

(3)街道狭窄,不利于噪声散射

道路交通噪声的传播包括反射、折射、透射等,噪声级的大小会随距离呈对数衰减。此外,噪声的传播还与地形环境和建筑布局及高度有关。由于山地城市道路狭窄,街道高宽比大,噪声在狭窄的街道间会形成多次反射,从而形成噪声峡谷,这会严重干扰街道周围居民的正常生活。

此外,由于道路交通噪声属于线源噪声并具有流动性,相较于较固定的点声源、面声源噪声,道路交通噪声影响范围更大。不仅如此,山地城市道路蜿蜒曲折、起伏频繁,更是加剧了道路噪声对两侧建筑的影响。

(4)路面材料粗糙,进一步增大噪声

道路的路面类型、路面平整度也会直接影响胎噪,如水泥路面因为平整度及伸缩缝的影响,胎噪高于沥青路面 5 dB(A)左右[24]。山地城市道路往往用沥青混凝土及水泥混凝土材料铺面,一些坡道出于防滑目的会使用水泥混凝土路面甚至块石路面、礓礤路面,这些铺面材料通常较为粗糙,因而产生的噪声也高于常见的沥青路面。出于安全考虑,坡度大于5%的城市道路通常会设置减速带,而当汽车通过减速带强制减速时产生的噪声会比小纵坡路段高 5~10 dB(A)。

2.2　山地城市交通噪声的分布特征

2.2.1　山地城市交通噪声昼夜等效声级分布

道路交通噪声有明显的周期变化规律。郭平等定点监测了重庆主城区范围内 2 条高速公路、2 条主干道公路、2 条次干道公路,共 6 条道路[25],证实了交通噪声的昼夜变化规律。此外,由于声环境质量标准的夜间噪声限值较低,各道路夜间的交通噪声往往会超标,如图 2.1 所示。

徐进等测试了重庆主城区兰花路的昼夜等效声级[26],如图 2.2 所示。兰花路的昼间车流量大于夜间,通常而言,当昼间车流量大于夜间时,该道路的昼间噪声会大于夜间噪声。但从图 2.2 可以看出,其夜间的噪声均值总体上高于昼间。这表明城市道路上坡段夜间噪声水平的影响因素复杂,即道路车流量虽小,但其噪声水平却不一定低。这是因为夜间车流量小,单辆汽车行驶几乎没有干扰,因而通过该路段的汽车运行速度普遍偏高,且有不断加速的现象。此外,由于汽车上坡时需要增加扭矩,尤其是加速冲坡时,在发动机噪声迅速变大的同时,胎噪也有所增加。

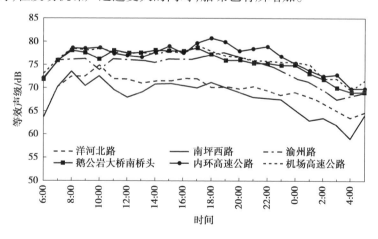

图 2.1　重庆市某 6 条道路的交通噪声昼夜变化

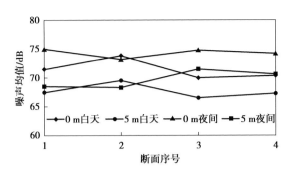

图 2.2　兰花路昼间和夜间的交通噪声实测值

2.2.2　山地城市道路坡度与交通噪声分布

为研究山地市道路的长上坡路段的交通噪声幅值及其影响因素,在重庆市主城区的长上坡路段采集了道路交通噪声的噪声值,并分析了车型、横向间距(测试点与路缘线之间的距离)、坡长、驾驶行为等因素对噪声的影响[26]。研究发现,若驾驶员喜欢冲坡,坡底第 2 个断面测得的噪声会显著增加;若驾驶员在坡顶前再次加速冲坡,坡顶测得的噪声也会明显增大;当车型、数量一定时,道路坡段坡度越高,形成的交通噪声也越大。

徐进等测试了重庆主城区 8 条具有代表性的长大纵坡段的昼夜等效噪声级,分别为:学府大道二塘路段、海峡路、兰花路(重庆工商大学段)、南坪江南大道、建新南路、南区公园路、四海大道、朝天门北区路[26]。

图 2.3 所示是上述 8 条路段的断面划分情况。为了研究道路交通噪声在横向的衰减情况,对每一断面都进行了测试。根据道路两侧建筑的实际情况,横向一般可取 3 个测试点位,即从公路边缘起,3 个测点的横向距离分别为 0 m、5 m 和 10 m。除了学府大道二塘路段,所有道路的平均坡度均大于 5%,南区公园路和建新南路甚至大于等于 8%,这些属于山地公路中较为陡峭的坡路。同时南区公园路在线形特征上也与山地双车道公路极为类似,即线形曲率变化极大,线形组合复杂[见图 2.3(f)]。

图 2.4 所示是其中 6 条测试路段测得的交通噪声平均值,可以看到噪声幅值变化最大的是学府大道二塘路段和四海大道,这是因为这两条道路的最后一个断面坡度存在突变。南区公园路的坡度虽然最大,但由于通过的车流量很小,尤其是夜间车流更是稀疏,这条道路的交通噪声值最低。此外,南区公园路很少有公交车通过,而一般情况下上坡路段的交通噪声主要由公交车造成。相反,虽然二塘路段的坡度最小,但这条道路的交通噪声水平是相对较高的。通过调研发现这条道路的公交线路多达 20 条,经常有数辆公交车出站、进站,而公交车在上坡路段起步加速的噪声值非常大,造成公交车出站时会产生大量噪声。

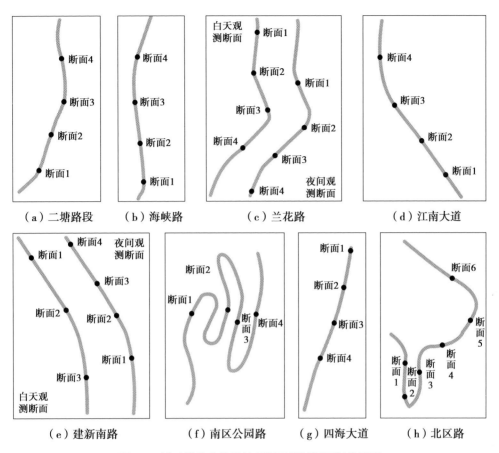

图 2.3　试验道路的线形特征以及测试断面划分情况

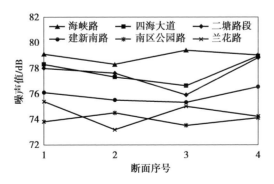

图 2.4　不同坡度路段的噪声分布均值情况

从上述分析可以发现,影响上坡路段的道路交通噪声的因素较为多样,其中道路纵坡的坡度值和大型车(公交车和大货车,但大货车仅在夜间可以进城)数量的影响较为显著。在公交车等大型车数量比较接近的情况下,道路纵坡的坡度值越大,噪声值越高[26]。

2.3 山地城市与平原城市交通噪声对比

由于山地城市路网密集、街道狭窄,这可能会显著增加"街道峡谷效应",导致山地城市和平原城市的声环境存在差异。但在不同的城市结构或地形条件下,目前还缺少对于城市声环境感知差异的研究。本节研究将有助于根据城市声环境的具体特征,向决策者提供更有针对性的声环境优化建议。

2.3.1 声环境客观测试对比

2018 年全国共有 324 个地级及以上城市报送了昼间道路交通声环境质量监测数据,全国城市昼间道路交通噪声平均值为 67.0 dB(A)。其中,昼间道路交通噪声强度评价为一级的城市为 215 个,占 66.4%;二级的城市为 93 个,占 28.7%;三级的城市为 13 个,占 4.0%;四级的城市为 3 个,占 0.9%。

2018 年,直辖市和省会城市道路交通噪声昼间平均等效声级为 68.7 dB(A)(不包括港澳台数据),其中,昼间道路交通噪声强度评价为一级的城市为 11 个,占 35.5%;二级的城市为 18 个,占 58.1%;三级的城市为 1 个,占 3.2%;四级的城市为 1 个,占 3.2%。与 2017 年相比,直辖市和省会城市昼间道路交通噪声强度为一级、四级、五级的城市比例与上年持平;二级的城市比例上升 6.5%;三级的城市比例下降 6.5%。我国的城市声环境具有改善的趋势,但形势依然严峻。根据生态环境部的统计数据,2015 年至 2018 年的部分直辖市和省会城市昼间道路交通噪声的具体监测结果见表 2.1。

表 2.1 部分直辖市和省会城市昼间道路交通噪声监测结果

城 市	2015 年		2016 年		2017 年		2018 年	
	超 70 dB 比例/%	平均噪声 /dB	超 70 dB 比例/%	平均噪声 /dB	超 70 dB 比例/%	平均噪声 /dB	超 70 dB 比例/%	平均噪声 /dB
北京	40.6	69.3	42.1	69.3	43.2	69.3	36.4	69.0
天津	23.4	67.7	25.1	67.9	23.8	67.8	24.8	67.3
太原	18.6	68.3	23.1	63.3	11.5	70.0	44.6	69.7
哈尔滨	82.0	73.5	82.4	73.4	81.2	73.8	89.6	73.9
上海	32.5	69.8	56.7	69.7	55.8	69.9	45.0	69.3

续表

城　　市	2015 年		2016 年		2017 年		2018 年	
	超 70 dB 比例/%	平均噪声 /dB	超 70 dB 比例/%	平均噪声 /dB	超 70 dB 比例/%	平均噪声 /dB	超 70 dB 比例/%	平均噪声 /dB
南京	20.6	67.9	22.0	67.9	17.6	68.0	11.2	67.5
南昌	19.4	67.1	8.1	67.6	26.2	67.9	25.1	67.1
武汉	38.8	69.6	42.9	67.1	53.6	70.5	46.4	70.1
广州	29.6	69.0	31.2	69.0	34.6	69.0	34.4	68.9
重庆	21.4	67.3	17.1	67.2	18.3	66.7	14.0	67.1
成都	18.5	69.0	51.3	70.9	29.4	69.3	40.8	69.7
贵阳	47.1	69.5	40.7	69.6	26.9	69.1	48.5	69.3
拉萨	55.1	70.0	59.1	69.3	27.1	69.1	5.1	67.0
西安	22.6	68.3	70.8	71.2	57.5	70.6	50.9	69.8
西宁	21.2	69.3	63.7	69.7	16.9	69.4	22.0	68.2
银川	21.0	67.1	16.7	67.5	18.0	67.5	16.9	66.8

随着中国快速的城市化进程,汽车保有量的大量增加和建筑工程的密集建设带来了严重的噪声污染,严重影响了居民的身心健康。我国《声环境质量标准》(GB 3096—2008)规定,居民区室外噪声的上限白天为 60 dB(A),夜间为 50 dBA[19]。

重庆和广州是中国两个典型的特大城市。重庆被归类为典型的"山城",重庆的建筑大多建在陡峭的山坡上。与重庆截然不同的是,广州有大面积的平原。但这两个城市面临着相似的环境污染挑战,不仅是噪声,还有相似的光环境和热环境。为了避免气候对声环境感知所带来的潜在影响差异,本章节选取了重庆和广州这两个同处于湿热气候区的城市作为研究地点。两个城市的噪声级常常超出了环境噪声限值,如图 2.5 所示。

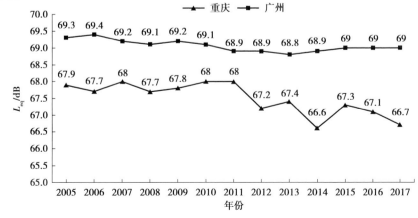

图 2.5　2005—2017 年重庆市和广州市道路交通噪声的平均等效声级

2.3.2 声环境主观感知对比

为了解重庆和广州居民对于交通噪声的感知,选取 18 岁以上,没有听力障碍,且居住在高层住宅中超过 1 年的当地居民作为研究样本。调查访问了 600 人,其中有效问卷 504 份(重庆 266 份,占总数的 52.8%;广州 238 份,占总数的 47.2%),见表 2.2所列。

住宅声环境的评估包括 6 个主要问题,如下:

①住宅环境的满意度(热环境、湿环境、光环境和声环境),采用五级量表(非常不满意、有点不满意、一般、有点满意和非常满意)。

②7 种污染(水、垃圾、噪声、室内空气、烹饪油烟、室外空气、热湿环境)中噪声污染的重要程度,从 1 到 7 排序,1 表示最重要。

③最烦人的噪声源类型(交通噪声、工业噪声、建筑噪声、娱乐噪声和社会生活噪声)。

④噪声对日常生活的影响(没有影响、轻微的影响、相当大的影响和非常大的影响)。

⑤噪声对健康的影响(没有影响、轻微的影响、相当大的影响和非常大的影响)。

⑥与噪声影响有关的负面健康症状,包括听力下降、失眠、高血压、记忆力减退、疲乏、易怒和工作效率低(选择"是"或"否")。

本次调查中,54.8%的受访者是男性,57.7%的受访者是临街居民,75.8%的受访者每天待在家里的时间超过 8 h。68.5%的广州受访者为年轻人,多于重庆的 49.2%。在重庆,65.4%的受访者居住在临街的住宅里,相比之下,广州只有 49.2%的受访者为临街居民。在重庆,每天待在家里超过 12 h 的人有 32.7%,多于广州的 22.3%。

表 2.2 重庆市和广州市调查数据的描述性统计

人口学特征	分 类	重庆($n=266$)	广州($n=238$)	总人数($n=504$)	显著性
性别/%	男	58.6	50.4	54.8	$p=0.064$
	女	41.4	49.6	45.2	
年龄/%	18~29 岁	49.2	68.5	58.3	$p=0.000$**
	30~39 岁	22.2	14.7	18.7	
	40~49 岁	14.3	8.8	11.7	
	≥50 岁	14.3	8.0	11.3	
是否为临街居民/%	是	65.4	49.2	57.7	$p=0.000$**
	否	34.6	50.8	42.3	

续表

人口学特征	分　类	重庆($n=266$)	广州($n=238$)	总人数($n=504$)	显著性
平均每天在家时间/%	<8 h/天	22.2	26.5	24.2	$p=0.032^*$
	8~12 h/天	45.1	51.2	48.0	
	>12 h/天	32.7	22.3	27.8	

注: * 表示 $p<0.05$, ** 表示 $p<0.01$。

（1）舒适度评价

在热、湿、光环境满意度方面,如表2.3所示,重庆和广州的居民之间并不存在显著差异,因为他们都处于相似的气候区。此外,与其他城市环境要素相比,居民对声环境的满意度普遍较低。45.1%的重庆居民与43.3%的广州居民都认为交通噪声是对生活影响最大的噪声来源。超过一半的受访者证实噪声对他们的日常生活和健康有相当大的负面影响。

表 2.3　声环境感知的差异

变　量	分　类	重庆($n=266$)	广州($n=238$)	总人数($n=504$)	显著性
7种污染中噪声污染的重要性/%	1	41.0	29.4	35.5	$p=0.013^*$
	2	15.4	18.5	16.9	
	3	13.2	16.0	14.5	
	4	10.2	12.6	11.3	
	5	13.9	10.5	12.3	
	6	3.8	6.7	5.2	
	7	2.6	6.3	4.4	
热环境满意度/%	非常不满意	5.6	8.0	6.7	$p=0.092$
	有点不满意	25.2	27.7	26.4	
	一般	64.7	63.0	63.9	
	有点满意	4.1	1.3	2.8	
	非常满意	0.4	0.0	0.2	
环境湿度满意度/%	非常不满意	2.3	3.4	2.8	$p=0.272$
	有点不满意	15.4	16.8	16.1	
	一般	73.7	73.5	73.6	
	有点满意	8.3	6.3	7.3	
	非常满意	0.4	0.0	0.2	

续表

变　量	分　类	重庆($n=266$)	广州($n=238$)	总人数($n=504$)	显著性
光环境满意度/%	非常不满意	2.6	2.9	2.8	$p=0.531$
	有点不满意	20.3	16.0	18.3	
	一般	57.5	61.3	59.3	
	有点满意	17.3	19.3	18.3	
	非常满意	2.3	0.4	1.4	
声环境满意度/%	非常不满意	15.4	8.8	12.3	$p=0.000^{**}$
	有点不满意	36.1	30.3	33.3	
	一般	36.8	37.4	37.1	
	有点满意	10.5	20.6	15.3	
	非常满意	1.1	2.9	2.0	
影响最大的噪声类型/%	交通噪声	45.1	43.3	44.2	$p=0.973$
	工业噪声	5.3	9.2	7.1	
	施工噪声	24.8	24.8	24.8	
	娱乐噪声	12.8	9.2	11.1	
	社会生活噪声	12.0	13.4	12.7	
噪声对日常生活的影响/%	没有影响	2.6	1.7	2.2	$p=0.861$
	轻微的影响	36.8	42.0	37.5	
	相当大的影响	50.4	49.2	50.8	
	非常大的影响	10.2	7.1	9.5	
噪声对健康的影响/%	没有影响	4.9	1.7	3.4	$p=0.736$
	轻微的影响	39.5	42.0	40.7	
	相当大的影响	42.1	49.2	45.4	
	非常大的影响	13.5	7.1	10.5	

注：* 表示 $p<0.05$，** 表示 $p<0.01$。

　　重庆的居民(51.5%,包括非常不满意和有点不满意),对其声环境的不满意程度明显高于广州(39.1%)($p<0.01$),但重庆的交通噪声级略低于广州,如图 2.5 所示。此外,重庆市和广州市居民对噪声在 7 种环境污染中的重要性排序上存在显著性差异,41.0%的重庆居民认为噪声是影响最大的污染,远高于广州的 29.4%。以上数据表明,噪声对重庆居民的影响更大。

　　山地城市独特的城市结构可能是解释这一现象的原因。重庆的特点是土地资源有限,地形复杂,路网密度高,高层建筑多。与广州等平原城市相比,重庆的噪声影响更有可能被街道峡谷效应强化,这是声波在主路两侧的高层建筑之间多次反射的结果。

由表 2.4 可知,临街居民与非临街居民在对噪声污染的重要程度($p<0.01$)、声环境满意度($p<0.01$)、噪声对日常生活的影响($p<0.01$)和噪声对健康的影响($p<0.01$)等方面的评价存在显著差异。性别、年龄和平均在家时间对居住环境满意度和噪声相关影响的结果没有显著影响。

表 2.4　人口学特征对城市声环境感知的影响

人口学特征	噪声污染重要程度	热环境满意度	环境湿度满意度	光环境满意度	声环境满意度	噪声对日常生活的影响	噪声对健康的影响
性别	0.241	0.157	0.570	0.522	0.491	0.849	0.885
年龄	0.594	0.129	0.289	0.056	0.056	0.670	0.188
是否临街	0.000**	0.906	0.511	0.415	0.000**	0.000**	0.001**
平均每天在家的时间	0.194	0.983	0.530	0.136	0.805	0.735	0.500

注:* 表示 $p<0.05$,** 表示 $p<0.01$。

（2）健康影响评价

人口学特征对噪声所致健康症状的影响体现在表 2.5 中。男性在遭受噪声影响时更有可能发生记忆力减退($p<0.01$)。年龄对高血压($p<0.01$)、记忆力减退($p<0.05$)、易怒($p<0.01$)、工作效率低下($p<0.01$)有显著影响。老年人可能比年轻居民更容易受到高血压和记忆力减退的影响。临街和非临街居民在疲乏($p<0.05$)和易怒($p<0.05$)方面存在显著差异,临街居住可能与居民的心理健康有着密切的关系。平均每天在家的时间可能对听力损失($p<0.01$)、失眠($p<0.05$)、高血压($p<0.05$)和工作效率低下($p<0.01$)有显著的影响。待在家里的时间越长,出现这些负面健康症状的可能性越大。

表 2.5　人口学特征对噪声所致健康症状的影响

人口学特征	症　状						
	听力损失	失眠	高血压	记忆减退	疲乏	易怒	低工作效率
性别	0.087	0.851	0.667	0.009**	0.237	0.596	0.708
年龄	0.099	0.350	0.000**	0.031*	0.526	0.001**	0.000**
是否临街	0.561	0.096	0.921	0.213	0.042*	0.047*	0.055
平均每天在家的时间	0.003**	0.032*	0.035*	0.343	0.673	0.657	0.008**

注:* 表示 $p<0.05$,** 表示 $p<0.01$。

（3）临街居民的声环境感知模型

与非临街居民相比，临街居民对室内声环境的满意度较低。对当地居民进行深度访谈，调查居民对于嘈杂的临街住宅室内声环境的感知，并了解居民对复杂声环境的敏感性。从典型临街住宅的各楼层中选出了具有不同社会背景的 12 名受访者。访谈中采用开放性问题，例如，"您认为全天哪个时段最吵？""您是否被噪声吵醒？""您认为哪个季节最吵？""您对于降低室内噪声有什么建议吗？"每次采访大约持续 30 min，在获得受访者的正式同意后，访谈内容被详细地记录下来。

深入访谈的记录采用扎根理论方法进行了分析，针对中国特大城市的临街居民，总结出相应的城市声环境感知模型。如图 2.6 所示，深度访谈的主要结果被总结为临街声环境的感知模型。编码完成后，产生了两个核心类别：最嘈杂时段和改善室内声环境的策略。在 12 名受访者中，超过一半的受访者认为每天最嘈杂的时间是 7:00—9:00，这是户外交通噪声的第 2 个高峰期。超过一半的参与者在早上睡觉时被交通噪声吵醒。午夜被认为是噪声最高的时段，因为在这段时间里，重型卡车可以进入市区，而在白天则不能。也有少数人认为一天中最嘈杂的时间是 17:00—18:00。

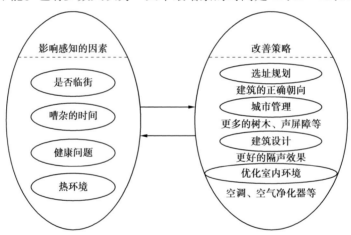

图 2.6　临街居民声环境感知模型

大多数参与者认为夏天是最吵闹的季节。这是因为重庆的夏天气温较高，人们变得更加急躁和敏感。重庆和广州都位于湿热气候区，最高气温可达 40 ℃。当温度高于人体舒适温度的时候，人们对噪声的承受能力可能就会减弱。

几乎所有的受访者都表示对自己所处的声环境有不同程度的不满意。受访者提出了许多改善策略，例如有些人建议在规划初期，住宅楼应尽量远离街道。然而，在高密度的特大城市中，由于空间的限制，实施起来相当困难，大多数人认为这是一个很难完全解决的问题。一些策略只能在一定程度上改善少数楼层的声环境，如种植植物或树木等隔声屏障。不过，也有一些具体可行的措施，如围护阳台、安装隔声门窗等。

2.3.3　城市形态的差异

如图 2.7 所示,重庆城区的绝对高程为 48~1 303 m,而广州城区的绝对高程为 1~1 185 m。可以清楚地看到,在重庆城区有多座南北向的山脉。重庆的山地区域占41.09%,丘陵区域占 50.03%,而平地只有 6.7%[27]。与重庆的城市形态不同,广州的大部分城市区域是平原,而只有东北部的部分区域是山地。

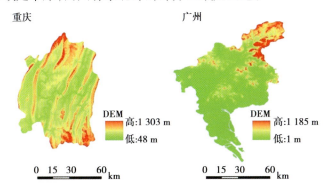

图 2.7　重庆和广州城区的地形图

重庆和广州都选择在相对平坦的地区优先发展,以适应城市的快速增长。1978—2015 年,重庆和广州的城市化年平均增长率分别为 5.80% 和 8.07%[28]。重庆市中心有 11 818 km 的道路,平均道路密度为 2.16 km/km^2[29]。2017 年广州的道路总长为7 819 km,平均道路密度为 1.05 km/km^2[30]。因此,重庆的道路密度几乎是广州的两倍,这可能是由于山地和平原城市的形态不同,如图 2.8 所示。

重庆高密度的路网会导致更多的临街建筑和高层建筑,这意味着重庆可能会有更多的临街居民受到噪声带来的负面影响。此外,山地城市特殊的地形特征也使得前排建筑无法有效为后排的建筑隔绝噪声(见图 2.8)[31-32]。这或许可以解释为什么重庆居民对城市声环境的满意度要低于广州居民。

（a）重庆　　　　　　　　　　　（b）广州

图 2.8　重庆和广州的典型城区

2.3.4 城市声环境管理政策与法规的差异

中国的噪声政策变得愈加灵活和有效。在过去,控制环境噪声污染的主要政策是"谁污染,谁治理"。但是,如果违规者缴纳了环保罚款,则可以由具有专业知识的第三方来治理污染。为实施相应的区域噪声污染治理对策,截至 2020 年底,全国已有 31 个省市建立了 2 974 个城市声环境自动监测站点,对城市声环境状况进行持续监测。2020 年,中国政府处理了 201.8 万起噪声投诉,在"全国生态环境信访投诉举报管理平台"中,噪声扰民问题占全部举报的 41.2%,排在各类环境污染要素的第 2 位[33]。2020 年,全国噪声与振动污染防治行业总产值约为 120 亿元。政府也已采取措施,呼吁市民加强健康意识,减少社会噪声污染。例如,在每年的 3 月 3 日,即全国"护耳日",都会举办讲座和活动,以帮助公众更多地了解保护听力的重要性。

针对日益严重的城市噪声问题,根据《环境噪声污染防治法》和《中华人民共和国环境保护法》,由各地环境保护行政主管部门负责地方噪声治理和年度环境公报的发布。市民如遇到环境噪声问题,可直接通过电话、互联网或邮件向环保部门投诉,所有的投诉按规定必须在一周内进行处理。

根据广州市生态环境局的最新报告,2021 年市区平均等效声级和城市道路交通噪声平均等效声级分别为 56.2 dB(A)和 69.2 dB(A)。广州市政府应实施更加全面的噪声污染防治工作计划,例如开发基于噪声监测、GIS 和噪声地图的环境噪声信息管理平台,以及有效整合政府各部门资源和优势来整治噪声污染。广州正在实施预防噪声污染的重点工作计划,其城市声环境管理政策包含以下 3 个方面的内容。

①以 2018 年底出台的《广州市声环境功能区区划》为指导,结合用地规划主导功能及用地现状,将广州各地按照不同的城市发展程度划分为不同的声环境功能区,绘制电子区划图并形成数据库;利用地理信息系统(GIS)和噪声图的环境噪声信息管理平台,绘制广州的噪声地图。

②调整增加声环境监测点位。增设从化、增城两区的监测点位,调整其他区域的声环境和道路交通噪声监测点位。按照 2 000 m×2 000 m 的网格布设 276 个区域声环境监测点、346 个城市道路交通噪声认证监测点。

③政府各部门协调开展专项整治工作,重点消除重大污染噪声源。严把新建项目的审批关,督促有关建设单位严格按照环评批复实施降噪措施,未通过环保验收的噪声排放项目,一律不得投入运行。加大巡查和监测力度,环保部门与建设、城管、公安等部门协作和信息共享,加大对工地夜间施工噪声、恶意啸叫声和汽车高音喇叭、严重超标的商业和娱乐噪声等非法活动的监测与处理力度。

相比之下,重庆居民对声环境的满意度低于广州居民,一项名为"宁静行动"的五年噪声环保计划自 2006 年开始实施,旨在促进重庆市的声环境更加安静。经过

2006—2021 年多个阶段的规划治理,重庆的整体声环境得到了适当的改善。该项目也得到了当地市政府和社会各界的持续支持。2021 年,共创建安静居住小区 38 个,复查安静居住小区 67 个。在主城区改造了 170 万 m² 的低噪声人行道,建设 5 620 m的隔声屏障及 57.3 万 m² 的路边绿化带以降低噪声,修订并印发《重庆市安静居住小区创建指标及评分细则》,增加公众参与内容和评分权重[34]。然而,重庆市地方政府仍然面临着声环境改善方面的压力。一些安静小区和概念性城市声景的示范项目正在规划阶段,以促进合理利用山地城市的空间和地形资源。

目前,重庆正处于"十四五"规划和"宁静行动"的新阶段。因此,政府面临着更大的压力,必须在前一阶段的基础上,实现声环境的进一步改善。对重庆市下一步"宁静行动"的建议包括以下 4 个方面。

①加强建设项目环境噪声的评估和监督管理。加强对建筑吸声施工质量强制性标准实施的监督管理,逐步建立民用建筑隔声质量验收体系。建筑质量的最终验收将包括室内声环境测试。

②建立山地城市立体噪声综合管理平台。重庆市主城区有区域环境噪声监测点477 个(其中道路交通噪声监测点 158 个,功能区噪声监测点 22 个)。可结合山地城市特殊的城市结构和立体交通特点,建立交通噪声综合监测网络,以 500 m×500 m 为标准划分网格,设置在线监测点 120 个,部署 100 个流动监测点。

③推进噪声污染控制区、安静社区建设项目。根据《声环境质量标准》(GB 3096—2008),计划颁布《重庆市安静小区建设指标及评分标准》,引导居民积极参与安静社区的建设和管理。

④建设城市声景示范区。合理利用山地城市的空间和地形特征,采用新型绿色低碳材料进行智能声掩蔽设计,提高城市声景品质和改善人居环境质量。

第3章　山地城市快速路周边声环境

　　道路交通噪声是城市中首要的噪声源,也是令人高烦恼度的噪声源。紧凑的城市布局使得道路交通噪声对城市居民,尤其是临街住户造成了明显的干扰[35]。居住区的交通噪声与城市形态参数和道路交通指标相关,例如道路网络、规划布局、建筑密度、地形条件以及交通流量、车辆速度和交通负荷[36-39]。中国城市的道路网格尺寸往往比西方国家要大,相比之下,临街建筑会受到更多交通噪声的影响[40]。因此,临街建筑的布局形式可能会对居住区的噪声传播和分布产生影响。在城市中,常见的住宅建筑形式有塔式和板式住宅两种,而塔式住宅在中国南方的山地城市中尤为常见。

　　与平地城市不同的是,山地城市道路起伏更多、高架路网更密集[41]。狭窄的街道和高耸的临街建筑,使街谷效应(Street canyon effect)更加明显,噪声的多次反射提高了声压级[42]。在上坡路段,机动车轮胎与路面接触所产生的噪声也会高于平坦路段[43-44]。便捷而嘈杂的城市快速路(见图3.1)对重庆城市声环境有严重的负面影响。城市快速路连通各主城区,具有车速快(限速80~100 km/h)和交通流量大(最多10 000 辆/h)的特点。城市快速路影响着大量的城市人口,例如在人口较稠密的沙坪坝区(人口密度为3 746 人/km²),在距快速路200 m 范围内现有35 个住宅小区(约10 500 户)。而城市快速路的扩建会减少道路与临街建筑的距离,随着交通量的增加,城市快速路周边的声环境会进一步恶化。在山地城市中,由于高层建筑多、人口密度大和交通流量大,交通噪声的影响可能会更加复杂。因此,全面了解山地城市快速路周边区域声环境,对于城市管理者和开发者十分重要。

　　目前针对山地城市,尤其是临近城市快速路声环境的相关研究较少。为了提供详细的数据以有效协助山地城市的未来决策和改善城市声环境的舒适度,本章分别研究了山地城市快速路周边居住区、道观、隧道空间的声环境。

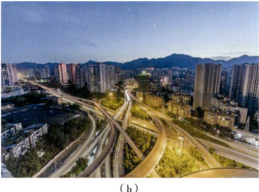

（a）　　　　　　　　　　　　　　（b）

图 3.1　重庆城市快速路（内环快速路）

3.1　山地城市快速路周边居住区声环境

本节研究了高密度、多高架的典型山地城市——重庆市城市快速路（内环快速路）周边的声环境情况，包括对道路交通噪声评价以及噪声对临街居民的影响。本节结合工程实践，对基地地形、规划布局、建筑形式进行现场测量，对临街住户进行问卷调查以及噪声地图模拟，以期对山地城市居住区的噪声控制提供设计参考。

3.1.1　住宅小区与临街建筑环境噪声现状

为了对比同一路段城市快速路噪声对不同经济技术指标住宅小区的影响，选取位于重庆沙坪坝区内环快速路周边的 3 个住宅小区作为案例研究对象。图 3.2 显示了 3 个小区的卫星图，包括 39 个测点。

表 3.1 展示了 3 个住宅小区的基本信息，包括用地面积、容积率、建筑密度、建筑数量、建筑形式、层数、绿地率、窗户类型和住户数量。

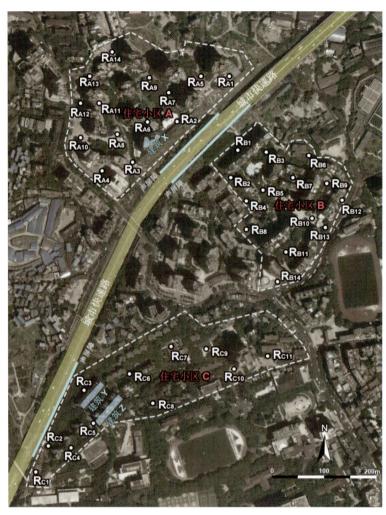

图 3.2　住宅小区 A、B 和 C 卫星图

（图片引自：百度地图）

表 3.1　案例研究对象 3 个住宅小区的基本信息

类　　别	A 小区	B 小区	C 小区
占地面积/m²	67 233	68 256	59 987
容积率	3.2	3.0	1.9
建筑密度/%	12.6	15.3	17.1
居民建筑数量/栋	11	18	20
板式住宅/栋	0	18	5
塔式住宅/栋	11	0	15
居民楼平均层数/层	27	14.1	8.5

续表

类　别	A 小区	B 小区	C 小区
居民楼最高层数/层	31	27	33
绿化率/%	33	51.2	30
外窗类型(玻璃层数)	双层	双层	单层
住户数量/户	300	1 200	400

3 个小区各有 300、1 200 和 400 个住户,3 个小区边缘与城市快速路直接的最短距离分别为 12 m、30 m 和 42 m。A 和 B 小区为商住混合小区;C 小区是位于大学内的教职工宿舍。A 小区均为塔式住宅;B 小区中多为板式住宅;而 C 小区中包含塔式住宅和板式住宅两种建筑形式(板式住宅:面宽一般至少为进深的两倍,包括多个住宅单元,且每个单元都配有楼梯和电梯;塔式住宅:长高比一般小于 1,建筑的每个面宽度接近,每层设置多个居住单元,电梯和楼梯多数设置在中央核心筒的位置)。3 个小区靠近快速路一侧,均设置了高 4 m 的垂直声屏障,声屏障长度分别为 150 m、180 m 和 160 m。其中 C 小区的窗户安装的是单层玻璃窗,其他两个小区均使用双层玻璃窗。

现场测试在工作日的非交通高峰时段进行,考虑了昼间与夜间两种时段。环境噪声测试使用 I 型声级计,声级计布置在距离建筑物 2 m 外的地上 1.2 m 处。每个测点测试时间持续 10 min。测点按照每 5 000 m^2(包括临街位置和非临街位置)一个测点的原则布置。如图 3.2 所示,A、B 和 C 小区分别设置了 14、14 和 11 个测点。为了避开交通高峰时段,对 39 个测点的数据采集在昼间 15:00—17:00 和夜间 23:00—1:00 进行。

研究选取距离城市快速路最近的 A 小区中 11 层的 X 栋进行全天 24 h 的室外(靠近城市快速路且没有窗户的阳台上)和室内(靠近城市快速路且带有双层玻璃窗的卧室内)的噪声测试;测量了 C 小区中临街第 1 排 Y 栋(11 层)、第 2 排 Z 栋(9 层)不同楼层在不同时间段的噪声值。测试过程均无人为干扰,测点布置在不同楼层的带窗楼梯间地面或窗外 1.2 m 处。

测点的环境噪声测试主要包括 6 个声学指标:等效 A 声级(L_{eq})、最大声级(L_{max})、最小声级(L_{min})、背景噪声(L_{95})、前景噪声(L_5)和倍频程噪声频谱分析。现场测试过程严格遵循国际标准《声学 环境噪声的描述、测量和评估 第 2 部分:环境噪声级别的测定》(ISO 1996-2-2007)[6]。声环境评价依据中国《声环境质量标准》(GB 3096—2008)的规定:城市快速路两侧一定距离内的区域为 4a 类声环境功能区[昼间 70 dB(A),夜间 55 dB(A)][19]。

1)住宅小区

图 3.3 显示了 3 个住宅小区的噪声值分布情况。由图 3.3(a)可知,在 A 小区中,

分别距离城市快速路 59.4 m、63.8 m 和 74.3 m 的 R_{A1}、R_{A2} 和 R_{A3} 测点,对应的夜间噪声级分别为 59.1 dB(A)、54.9 dB(A) 和 57.9 dB(A);R_{A2} 与道路间 10 m 高的土堤可能是造成距离中等的 R_{A2} 的噪声值低于其他两个测点的原因;受噪声干扰最大的 R_{A4} 测点,其噪声在昼间和夜间分别可达 72.6 dB(A) 和 59.9 dB(A);R_{A4}、R_{A10} 和 R_{A12} 测点由于靠近主干道并受周边区域内人员活动噪声的影响,昼间等效 A 声级(L_{eq})仍然超过 65 dB(A);位于小区中心位置的 R_{A9} 是整个区域内最为安静的地方,昼间和夜间的噪声值分别为 57.9 dB(A) 和 51.7 dB(A)。总的来说,交通噪声是整个 A 小区最为主要的噪声源类型。

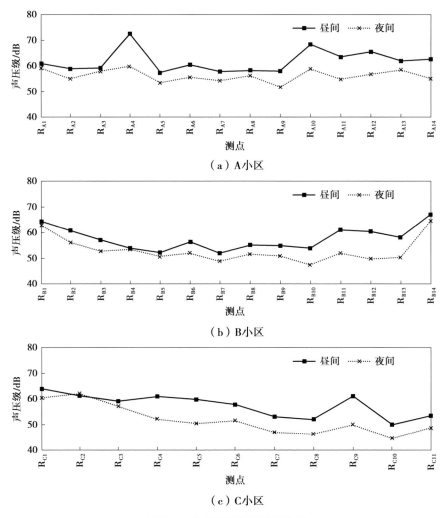

（a）A小区

（b）B小区

（c）C小区

图3.3 3个小区昼夜环境噪声值

由图 3.3(b)可知,在 B 小区中,靠近主干道的 R_{B14} 的噪声值比靠近快速路的 R_{B1} 在昼间和夜间分别高 2.7 dB(A) 和 1.5 dB(A)。由于车辆上坡行驶的发动机噪声在白天比夜间更为突出,R_{B12} 测点和 R_{B13} 测点的昼夜噪声值相差分别为 10.7 dB(A) 和

8.1 dB(A)。板式住宅包围的 R_{B10} 位于 B 小区中心位置,是夜间整个小区内最为安静的地方,噪声值为 47.2 dB(A)。B 小区的绿化率为 51.8%,高于其他两个小区,在 B 小区内部有更多的鸟声和昆虫声。

由图 3.3(c)可知,位于大学校园内的 C 小区,整体的声环境优于其他两个小区。临街的 R_{C1}、R_{C2} 和 R_{C3} 测点昼夜相差较小,在 0.7~3.6 dB(A)。因此,临街居民在白天和晚上感受到的交通噪声影响相差不大。例如,在 R_{C2} 测点中,夜间噪声水平仅比白天大 0.7 dB(A)。此外,由于不允许重型车辆在 7:00—21:00 驶入城市快速路,因此尽管夜间交通流量较低,但重型车辆数量较多,导致噪声严重,峰值会超过 90 dB(A)。

在大多数情况下,3 个小区的昼间环境噪声值低于《声环境质量标准》指导值,而大多数临街建筑的夜间噪声超过了《声环境质量标准》昼间 70 dB(A)、夜间 55 dB(A)的要求。3 个小区在昼间和夜间平均噪声分别为 61.8 dB(A)和 56.1 dB(A)(A 小区)、57.5 dB(A)和 52.9 dB(A)(B 小区)以及 57.5 dB(A)和 51.7 dB(A)(C 小区)。C 小区的平均噪声值最低,A 小区的平均噪声水平最高。

图 3.4 显示了 39 个环境噪声测点声级与其到快速路中心线的最短距离之间的关系。测试点的夜间环境噪声与快速路之间的距离呈显著负相关($p<0.01$),这是由于夜间行人较少,来自快速路的交通噪声是主要的噪声源。白天的数据没有表明这种相关性,这可能是居住区中的其他类型噪声源(如社会生活噪声或建筑施工噪声)的干扰所引起的。

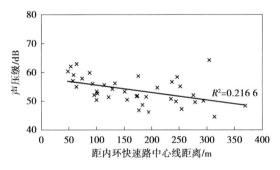

图 3.4　各测点夜间环境噪声和距快速路中心线垂直距离的线性回归

2)临街建筑

如图 3.5 和表 3.2 所示,在 A 小区中 X 栋 11 楼住户中收集了 24 h 的测量数据。在 8:00—9:00、14:00—14:30、19:00—22:00 三个时间段,有住户活动对该卧室室内等效声压级产生了一定的干扰,测试期间室外数据不受此干扰。图 3.5 显示了室外噪声测量中 3 个明显的高峰时刻:7:00、12:30 和 19:30。最吵的时刻是 7:00,达到 71.3 dB(A),而最安静的时间段是 2:00—5:00,低于 67 dB(A)。

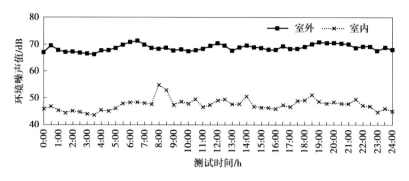

图 3.5　A 小区 X 栋 11 楼住户 24 h 等效 A 声级

表 3.2 为住宅内的 6 个噪声指标的结果。白天的室外噪声值为 69.3 dB(A),低于建议值 70 dB(A),而晚上的室外噪声值为 68.2 dB(A),超过了建议值 50 dB(A)。与小区临街测点结果相似,住宅外侧的昼夜噪声值仅相差 1.1 dB(A)。卧室内噪声值在昼夜均未满足规范要求,昼间噪声值为 48.9 dB(A),高于规定的 45 dB(A);夜间噪声值为 45.8 dB(A),高于规范最大值 37 dB(A)。统计声压级表明,城市快速路夜间交通量的减少将降低夜间背景噪声(L_{95}),但由于夜间重型车辆发出的高噪声声级,所以夜间侵入噪声(L_5)与昼间的相似,这与夜间重型车辆的交通流量大有关。

表 3.2　A 小区 X 栋 11 楼住户 24 h 声环境测试结果

单位:dB

		L_{eq}(标准差)	L_{max}	L_{min}	L_{95}	L_5
全天(24 h)	室外	68.9（±2.73）	89.4	52.6	63.5	72.0
	室内	48.1（±3.22）	72.6	31.0	41.1	51.2
昼间(6:00—22:00)	室外	69.3（±2.15）	89.4	61.9	65.6	72.1
	室内	48.9（±2.69）	72.6	40.6	44.0	52.1
夜间(22:00—6:00)	室外	68.2（±3.39）	89.0	52.6	60.8	71.8
	室内	45.8（±3.36）	71.1	31.0	38.4	49.5
昼夜差值	室外	1.1	0.4	9.3	4.8	0.3
	室内	3.1	1.5	8.4	7.6	2.6

图 3.6 比较了住户室内外在不同时间段内(全天、昼间和夜间)噪声值的频率分布。如图 3.6 所示,昼间室外噪声值最高,夜间和室内的噪声在所有频率中都最低。在所有频率中,昼夜的室外噪声差值[0~2.0 dB(A)]小于室内噪声差值[0.8~5.1 dB(A)]。在 125~1 000 Hz 中低频段,室外噪声较高[60.0~62.6 dB(A)],这可能是城市快速路上的交通噪声造成的;而室内在较低频率段(125~250 Hz)声级较高。由于设有双层玻璃窗,在中频段 500~1 000 Hz,室内噪声值(全天)比室外低 22.8~23.1 dB(A),但低频段 125 Hz 噪声衰减较少,为 13.1 dB(A)。

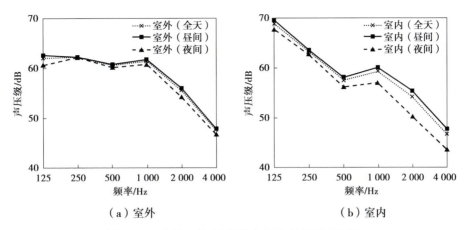

（a）室外　　　　　　　　　　　（b）室内

图 3.6　A 小区 X 栋 11 楼住户 24 h 倍频程声压级

图 3.7 为 C 小区临街住宅 Y 和非临街住宅 Z 的位置示意和区域内昼夜的环境噪声值。临街建筑的昼夜噪声差值为 0.2～2.1 dB(A)，比非临街建筑的昼夜噪声差值 [5.3～7.6 dB(A)] 要小。这可能是由于影响建筑外立面的噪声类型不同。交通噪声是临街建筑全天的主要噪声源，而社会生活噪声是非临街建筑白天主要的噪声源。测试结果还表明，噪声昼夜差异和噪声源类型、发生时间相关；临街建筑昼夜噪声差异较小，原因是白天的快速路交通流量大，夜间的重型车辆多。夜间非临街建筑周边的社区噪声较小。两栋建筑的底层标高不同，非临街建筑的底层与临街建筑的 3 层齐平，这在山地城市中较常见。受交通噪声的影响，临街建筑的 1～11 层噪声值呈线性趋势增长，噪声值最大位置在 11 层，昼间 70.4 dB(A)，夜间 69.6 dB(A)。尽管环境噪声的垂直分布与城市快速路临街住宅之间的地形有关，但临街住宅和城市快速路之间的土堤(高 15 m)降低了低层的噪声值。

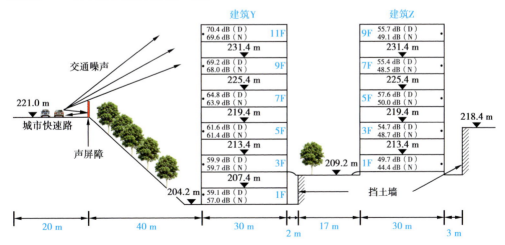

图 3.7　C 小区临街建筑（Y）和非临街建筑（Z）噪声实测结果

然而,非临街住宅的噪声值随高度的变化却是非线性的,最吵的位置是中间层。受社会生活噪声的影响,C 小区昼间环境噪声水平为 57.6 dB(A),夜间为50.0 dB(A)。挡土墙的存在,使得建筑 Z 首层的环境噪声最低。结果表明,由于建筑物建设在凹陷的地面上,因此地形对于确保较低楼层的安静具有积极的作用。此外,由于快速路交通噪声的绕射作用,建筑 Z 第 9 层的噪声值高于第 7 层。

3.1.2 山地地形对快速路噪声传播的影响研究

为研究不同建筑类型的布局形式对道路交通噪声的影响,分析在山地地形条件下噪声值的空间和时间特性。根据现场实际条件,建立初始状态建筑布局,将 A 小区和 B 小区划分为 20 m×20 m 的网格,进行环境噪声模拟。这两个小区分别位于城市快速路的同一路段两侧。模拟状态中,在不改变初始状态的容积率、建筑面积和建筑高度的前提下,将 B 小区的板式临街建筑转化为 3 栋塔式建筑。在 C 小区中,建立了 6 个模型来评估居住区内临街与非临街建筑的噪声垂直分布情况。

然后,对不同深度和角度的路堤模型展开噪声传播模拟,研究建筑规划布局对整体居住区的噪声分布影响和道路宽度及坡度对道路噪声的影响。结合工程实践,在模拟中考虑了山地城市的地形特征与城市声环境之间的关系,研究结论可对山城居住区的噪声控制设计提供有效的指导和建议。为确保原始噪声分布模型的可靠性,交通流量参数和建筑模型参数通过现场测量获取,并对现场测量数据与模型预测数据进行误差分析,平均误差小于 2 dB(A)。使用 Predictor-LimA 软件(version 11.00)完成噪声地图模拟。软件模拟基于中国《环境影响评价技术导则 声环境》(HJ 2.4—2009)技术标准。

1)临街建筑布局对小区内部声环境的影响

为了避免现场测试的时空局限,本研究进行了噪声地图仿真模拟。山地城市建设用地紧缺,导致开发单位常在住宅区内设计塔式住宅。塔式住宅和板式住宅在长度上的差异会影响建筑的降噪能力,同样,临街建筑的类型也影响着小区内部区域的噪声分布。噪声地图展示了全天、昼间和夜间 3 个时间段的噪声值。图 3.8 所示为 A 小区和 B 小区噪声值的空间分布。所有模型的总容积率、总建筑面积和临街住宅的总高度均相同。测点位置在距地面 1.2 m 处,共计 12 252 个测试点。

表 3.3 列出了 A 小区和 B 小区临街与非临街不同住宅单位的噪声的最小、最大、平均 A 声级和标准偏差值。比较两个小区的初始状态噪声值,在全天和昼间期间,房屋 A 的最小和最大噪声水平比房屋 B 的水平高约 2 dB(A)。到了夜间,A 小区的最大噪声值比 B 小区的高 1.9 dB(A),A 小区的最小噪声水平比 B 小区的低 0.9 dB(A)。A 小区在全天、昼间和夜间的平均噪声值的初始值分别为 63.6 dB(A)、60.2 dB(A) 和 55.4 dB(A),分别比 B 小区高 6.8 dB(A)、7.1 dB(A) 和 6.4 dB(A)。此外,在全天、昼

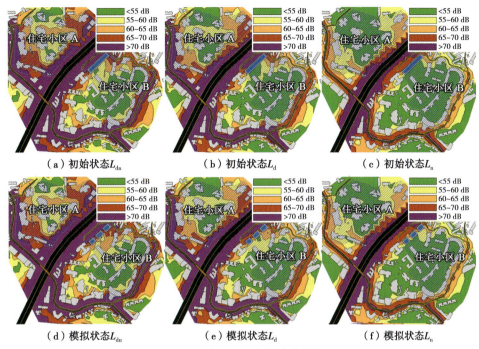

图 3.8　A 小区与 B 小区的噪声地图

间和夜间,B 小区不同位置的平均噪声值比 B 小区的初始值大约高 0.7 dB(A)。受临街住宅类型的影响,这种差异可能是噪声衰减与建筑物间隙的大小成反比造成的:声屏障的间隙越大,减噪性能越差。此外,平均噪声值的标准偏差显示,A 小区初始状态(3 个塔式住宅)和 B 小区模拟状态(3 个塔式住宅)在全天、昼间和夜间均小于 B 小区初始状态(板式住宅)。结果表明,更分散的建筑布局可能会导致居住区内部区域的平均噪声值更高。

表 3.3　A 小区和 B 小区的最小、最大、平均声级及标准差

单位:dB(A)

小区名	状态	声压级								
		全天(24 h)			昼间(6:00—22:00)			夜间(22:00—次日 6:00)		
		最小值	最大值	平均值(标准偏差值)	最小值	最大值	平均值(标准偏差值)	最小值	最大值	平均值(标准偏差值)
A 小区	初始	48.6	80.8	63.6(6.92)	44.8	76.9	60.2(7.01)	38.1	73.3	55.4(6.83)
B 小区	初始	46.7	79.0	56.8(7.02)	43.0	75.1	53.1(7.08)	39.0	71.4	49.0(6.96)
	模拟	46.7	78.0	57.5(6.98)	43.0	74.1	53.8(7.03)	39.0	70.4	49.7(6.94)

注:B 小区初始状态为临街建筑板式住宅,模拟状态为临街建筑 3 栋塔式住宅。

表 3.4 为不同环境噪声级别的暴露区域,以占小区总面积的百分比表示。将噪声地图模拟结果与我国《声环境质量标准》噪声限值[昼间 70 dB(A)、夜间 55 dB(A)]比较,A 小区昼间大约有 10% 的区域大于 70 dB(A),明显高于 B 小区的初始状态(2.1%)和模拟状态(1.8%)。B 小区初始状态夜间噪声小于 55 dB(A)的区域面积,比 B 小区模拟状态高 3.1%,比 A 小区高出 31.8%。可见,塔式住宅作为临街建筑时,对道路交通噪声传播的阻挡能力低于板式住宅,也就是说板式住宅可以相对更好地保证小区内部的声环境。

表 3.4　不同环境噪声值的暴露区域(占小区总面积的百分比)

| 环境噪声值/dB | A 小区(初始状态) | | | B 小区 | | | | | |
| | | | | 初始状态 | | | 模拟状态 | | |
	全天	昼间	夜间	全天	昼间	夜间	全天	昼间	夜间
<55	13.0%	26.8%	50.5%	53.4%	67.6%	82.3%	44.1%	63.2%	78.2%
55~60	22.9%	25.1%	20.8%	20.9%	16.8%	7.1%	25.6%	18.2%	10.3%
60~65	20.2%	18.7%	21.2%	10.9%	5.6%	8.6%	13.8%	8.2%	9.4%
65~70	20.8%	19.5%	5.7%	5.9%	8.0%	1.5%	7.6%	8.5%	1.8%
>70	23.1%	10.0%	1.7%	8.8%	2.1%	0.6%	8.8%	1.8%	0.3%

注:B 小区初始状态为临街建筑板式住宅,模拟状态为临街建筑 3 栋塔式住宅。

2)山地形态对噪声传播的影响

为了更好地分析地形和声屏障各自对临街与非临街建筑中噪声分布的影响,图 3.9 展示了山地地形初始状态和平地地形模拟状态的模型示意。其中,使用实测值与初始状态模型模拟值进行校对,模拟值和测量值的平均误差小于 1 dB(A)。

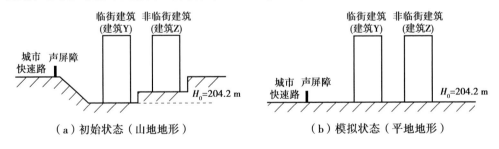

（a）初始状态（山地地形）　　　（b）模拟状态（平地地形）

图 3.9　用于噪声地图模拟的剖面图

图 3.10 显示了来自 C 小区中临街建筑(Z)和非临街建筑(Y)不同楼层的全天噪声模拟结果的比较,包括初始状态和 3 个模拟状态。如图 3.10(a)所示,道路高度会影响临街住宅的噪声值。在平地条件下,低楼层(第 1 层~第 5 层,204.6~216.6 m)的路况比初始状态(临街住宅与城市快速路之间有一道高 16.8 m 的斜土坡)的噪声高 5 dB(A)。但是,除了初始状态外,高层的 L_{dn} 值相差不大[<1.0 dB(A)]。初始状态

下每个楼层的 L_{dn} 小于其他模型下的 L_{dn}，尤其低楼层噪声值为 3.4~15.1 dB（A）。这意味着临街地形是降低临街住宅低层噪声的重要因素，路边土坡上的声屏障可以进一步降低噪声。噪声值的提高造成小区内部对道路交通噪声的二次反射。图 3.10（b）表明，无论是在山地还是平地上，有无声屏障对非临街住宅的影响都较小［小于 1 dB（A）］。然而，平地地形模拟状态和山地地形初始状态的曲线的变化趋势明显不同。在平地地形下，噪声最大的位置是第 1 层，曲线呈线性下降。在山地地形条件下，低层噪声值增加，高层噪声值降低。

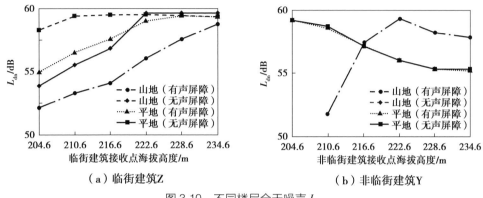

（a）临街建筑Z　　　　　　　（b）非临街建筑Y

图 3.10　不同楼层全天噪声 L_{dn}

利用山地自然地形，采取适当的路堤（如路堑、挡土墙等）设计可以有效降低噪声的影响。影响路堤降噪性能的因素包含挡墙高度、挡墙顶部的散射衍射损失、草坡的吸收效应和楔体坡度坡角。与上述类似，路堤可以在临街区域形成声影区。考虑一系列典型的道路路堑结构，包括深度（0~20 m）和坡度（15°~90°）两个变量，如图 3.11 所示。根据建筑设计标准，居民楼与道路之间的距离应大于 50 m。因此，9 个噪声接收点设置在与路边水平距离 50 m、100 m 和 150 m，距地面垂直高度 10 m、30 m 和 50 m，相当于建筑物的 3 层、10 层和 17 层楼高。交通噪声源设置在路面上方 1 m 处。

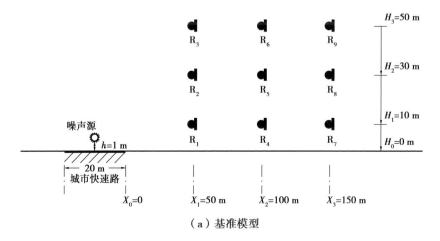

（a）基准模型

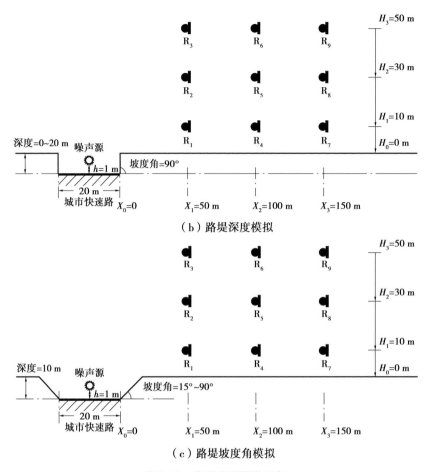

图 3.11 典型路堤模拟示意

图 3.12 显示了不同的路堤设计中声衰减水平的模拟结果。声衰减水平与路堤深度之间的关系如图 3.12(a)所示。结果表明,在 R3 处(距离 50 m、高度 50 m,相当于 17 层楼高)声衰减水平略有增加,当深度接近 20 m 时,声衰减仅为 0.7 dB(A)。在其他情况下,路堤深度具有显著的降噪作用,仅 1 m 的深度变化就可降低噪声大约 5 dB(A)。进入声影区后,深度增加 1 m,声衰减水平在 0.2~1.3 dB(A)增加。在 R1(距离 50 m、高度 10 m,相当于 3 层楼高)和 R8(距离 150 m、高度 30 m,相当于 10 层楼高)处出现了类似的声音衰减水平。随着路堤的加深,声衰减水平有明显的增高趋势。而 10 m 深的路堤更适合山地城市中大多实地环境,可给大多数临街区域创造 5.6~12.9 dB(A)的声衰减。

图 3.12(b)显示了改变坡度角声衰减的计算结果。90°坡度角对于降低噪声更有效。然而,如路堤坡度角模拟显示,R2、R3 和 R6 几乎未能在任何程度上实现声音衰减,这可能是由于路堤深度有限。由于对面路堤反射的噪声增强,30°和 75°坡度角对其他接收器的声衰减性能最差,因此在实际设计中应避免采用这两个角度的路堤;90°

的路堤能更有效地降低噪声,并且根据实际地形条件,15°和 60°的路堤也显示出良好的降噪效果。

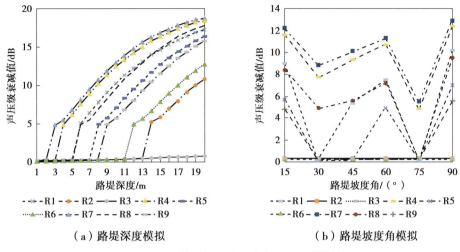

（a）路堤深度模拟　　　　　　　　（b）路堤坡度角模拟

图 3.12　不同的路堤设计中声衰减水平模拟结果

3.1.3　山地城市快速路噪声对健康的影响

本研究采用的社会调查形式是面对面问卷和深度访谈相结合。受访者从 3 个小区中随机选择,一共收集了 158 份有效问卷。在问卷过程中避免消极和引导性的问题,问题设置简洁明了[45],重点了解居民对交通噪声的感受和体验。

问卷要求调查对象、房间位置具有多样性,例如调查对象的年龄、楼层、卧室窗户朝向(临街与否)、窗户类型(单层或者双层)和房间内的停留时间。烦恼度评估要求调查对象对过去几个月生活进行回想,以确定他们是否受到交通噪声的影响,并使用 5 级量表来评价他们的感受(完全没有、轻微、中等、严重、非常严重)。同时,问卷也针对交通噪声对居民日常生活(看电视、聊天或阅读)、健康和室内自然通风的影响进行 5 级量化评价(从完全没有到非常严重)。问卷要求调查对象对 5 个环境因素(声音、空气质量、光环境、热环境和垃圾污染)进行排名,以便根据环境提升的紧急程度进行必要的改造。问卷还设置了 2 个多选调查:第 1 个是噪声控制策略的建议;第 2 个是交通噪声对人生理的影响,包括听力下降、失眠、头疼、头晕、耳鸣、嗜睡、高血压、心悸、疲劳、情绪不稳定、健忘和工作效率较低等自觉症状(Subjective Symptoms)。

社会/人口因素是声环境主观评价的重要影响因素[46-48]。本节分析了年龄、楼层、卧室窗户朝向、外窗类型、居住时间等对居民声环境感知的影响。数据不符合正态分布,使用卡方(Chi-square)和 kruskal-wallis ANOVA 作为非参数测试来分析各组数据之间差异;对社会/人口统计学指标与症状数据进行了交叉表分析;斯皮尔曼(Spearman)相关性分析用于评估居民噪声和自然通风影响评价之间的关系。小于

0.05的概率水平被认为具有统计学意义,小于0.01为显著。数据统计分析使用SPSS 18.0软件。

1)居民对快速路交通噪声的评价

表3.5列出了3个住宅小区中受访者的社会/人口因素,包括年龄、居住时间、楼层、卧室外窗朝向和类型。51.9%的受访者小于30岁,54.4%的人居住时间小于3年。根据《住宅设计规范》(GB 50096—2011)规定,1层至3层的建筑被称为"低层住宅",4层至6层的建筑被称为"多层住宅",其中有7层到9层楼的是"小高层住宅楼",而超过10层楼的是"高层住宅楼"。一半以上的受访者居住在第1层至第6层。45.6%的居民卧室窗户朝向为临街,43.0%受访者卧室装有双层玻璃窗。

表3.5　受访者社会/人口因素统计与分类

类　别	项　目	百分比/%($n=158$)
年龄/岁	<30	51.9
	30~39	32.9
	≥40	15.2
所在楼层/层	1~6(低中楼层)	53.2
	7~33(高楼层)	46.8
卧室外窗朝向	临街	45.6
	非临街	54.4
外窗类型(玻璃数量)	单层	57.0
	双层	43.0
居住时间/年	<3	54.4
	≥3	45.6

由图3.13可知,51.9%的受访者(包括75.0%的临街住户和7%的非临街住户)表示,快速路交通噪声是"严重"或"非常严重"烦恼的噪声源。55.6%的临街住户认为声环境"非常"或"严重"吵闹,而只有11.6%的非临街住户有这种感受。此外,47.2%的临街住户认为噪声"非常"或"严重"影响了室内的自然通风。声环境吵闹度评价与自然通风影响之间呈显著负相关($p<0.01$)。分别有59.3%和41.6%的临街住户认为快速路交通噪声对他们的日常生活和健康的影响为"严重"和"非常严重"。对于非临街住户,只有11.6%和14.0%的人表示快速路交通噪声对其日常生活与健康的影响"严重",无"非常严重"。

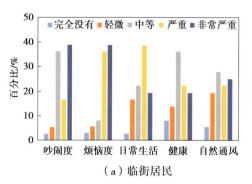
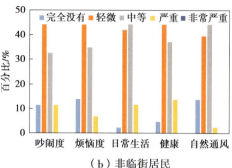

（a）临街居民　　　　　　　　　　（b）非临街居民

图 3.13　吵闹度、噪声烦恼度和噪声影响的描述性评价结果

表 3.6 显示了社会/人口因素对于主观噪声评价的差异分析结果。首先,卧室窗户朝向与所有主观噪声评价均呈现显著差异($p<0.01$),包括"噪声评价""交通噪声烦恼度"和"噪声影响"。其次,外窗类型对"交通噪声烦恼度"和"健康噪声影响"存在统计学意义差异($p<0.05$)。此外,年龄、楼层、居住时间等因素产生的差异不显著。

表 3.6　不同社会/人口因素与主观噪声评价的非参数检验(Kruskal Wallis)

类　别	吵闹度	交通噪声烦恼度	交通噪声影响		
			日常生活	健康	室内自然通风
年龄	0.093	0.053	0.816	0.302	0.243
所在楼层	0.363	0.844	0.681	0.704	0.975
卧室外窗朝向	0.001**	0.001**	0.001**	0.003**	0.001**
外窗类型	0.470	0.050*	0.169	0.040*	0.334
居住时间	0.683	0.579	0.662	0.368	0.793

注:* 表示 $p<0.05$,** 表示 $p<0.01$。

本次调查中,有 66.7% 的临街住户将声环境视为 5 个环境因素(声环境、光环境、热环境、空气质量、垃圾污染)中的首要改善对象。非临街住户认为声环境或空气质量急需改善的比例分别有 27.9% 和 23.3%。有 41.3% 的受访者由于道路交通噪声而睡眠不足。

居民对噪声控制策略的主观有效性感受也是影响噪声治理有效性的重要因素[49]。因此,本次调查要求受访者选取最优噪声控制策略。图 3.14 列出了适用于城市快速路周边建筑的 7 种噪声控制策略,包括改善建筑物外立面(BF)、使用高性能外窗(HPW)、安装高性能声屏障(HPNB)、种植树木(PT)、铺设低噪声路面(QP)、使用低噪声汽车(QC)和声掩蔽设计(SM)。总的来看,分别有 63.3% 和 53.2% 的受访者选择了"高性能外窗"和"低噪声汽车"作为最有效的策略。临街与非临街住户在"低噪声汽车"($p<0.01$)、"高性能声屏障"($p<0.01$)和"低噪声路面"($p<0.05$)策略方面存

在显著差异。相比之下,临街住户更注重于道路条件或交通状况改善。

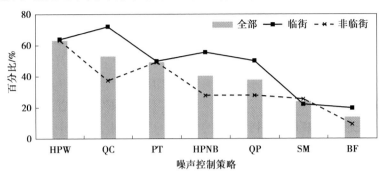

图 3.14　噪声控制优先策略

2)快速路交通噪声对健康的影响

根据 WHO 的推荐值,居住区夜间平均噪声不应超过 40 dB(A)。人短期暴露于较高噪声水平中,睡眠质量会受到直接影响,如产生睡眠障碍和失眠。而人长期生活在 55 dB(A)以上的噪声环境中,可引发血压升高和心脏病发作[50]。表 3.7 显示了社会/人口因素与自觉症状的交叉表分析结果。对于不同年龄组,耳鸣、高血压、疲劳 3个症状具有显著差异($p<0.01$),而在听力损失、头痛、头晕和记忆力减退 4 个症状呈现统计学意义差异($p<0.05$)。可见,这些症状发生概率会随年龄的增加而升高。

表 3.7　社会/人口因素与自觉症状的交叉表分析

自觉症状	年　龄	所在楼层	卧室外窗朝向	外窗类型	居住时间
听力损失	0.032*	0.830	0.380	0.178	0.046*
失眠	0.707	0.568	0.298	0.079	0.314
头痛	0.049*	0.579	0.453	0.195	0.206
头晕	0.040*	0.794	0.310	0.114	0.121
耳鸣	0.001**	0.921	0.406	0.317	0.195
嗜睡	0.635	0.850	0.080	0.770	0.913
高血压	0.001**	0.860	0.499	0.630	0.298
心悸	0.180	0.581	0.032*	0.317	0.195
疲劳	0.009**	0.670	0.616	0.438	0.214
情绪不稳定	0.054	0.785	0.671	0.671	0.007**
记忆力减退	0.021*	0.135	0.638	0.004**	0.738
工作效率下降	0.130	0.910	0.609	0.008**	0.217

注:* 表示 $p<0.05$,** 表示 $p<0.01$。

研究表明,听力敏感人群接触道路交通噪声,或暴露于低频噪声(125 Hz)环境可带来极大的高血压风险[51]。德国一项长期噪声暴露研究表明,增加道路交通噪声暴露时间会导致与噪声相关的血压升高[52]。卧室外窗朝向对心悸症状存在统计学意义差异($p<0.05$)。外窗类型对记忆力减退和工作效率下降均存在显著差异($p<0.01$),可见隔声性能更好的外窗可保障记忆力和工作效率。居住时间与听力损失($p<0.01$)和情绪不稳定($p<0.05$)具有显著差异。所有社会/人口因素对于失眠和嗜睡均无显著差异,这表明城市快速路噪声可能并不是引起这两个症状的唯一原因。此外,所在楼层与上述任何症状均无显著差异。

3.1.4　山地城市快速路噪声改善措施探讨

在对城市快速路两侧研究区域的环境噪声数据进行分析后可知,室外声环境受道路旁建筑物布局的影响,包括道路旁建筑形式和道路旁内部地形。板式住宅可以实现良好的天然采光和自然通风,这在中国北方或平坦地区十分常见。塔式住宅土地使用方式更为经济,这在中国南方和山地城市中更为常见。在 A 小区的临快速路一侧是 3 栋塔式住宅(长 40 m、高 99 m),B 小区临快速路一侧是 1 栋板式住宅(长 100 m、高 50 m)。现场实测与初始状态模拟结果均表明,尽管两个小区的容积率相近,但 B 小区更为安静。可见,B 小区临快速路的板式住宅可更好地起到保障小区内部区域较安静的屏障作用。

由于山地起伏的地形特征,山地城市的建筑周边或路边经常有土堤。本研究中,由于住宅区和城市快速路之间存在土堤,路边测点与噪声源的距离更近,噪声值更小。这与一般情况相矛盾:在没有障碍物传播声音的情况下,离声源越远的位置噪声值越小[53]。道路周边或内部地形也会改变建筑物立面的垂直噪声分布。根据沿街建筑和非沿街建筑的现场测量和噪声地图模拟,低楼层噪声值相对较小。对比平地和山地城市的声屏障发现,道路周边区域为丘陵地形的沿街建筑的 1—7 层降低了 5.9~7.0 dB(A)的噪声。路堤和挡土墙均能降低沿街建筑较低楼层的噪声值。地形高差在山地城市的市区中很常见,在这些地区,路堤和挡土墙会带来声影区域。因此,路堤、土坡和倾斜的地形等这些山地城市特殊的地形条件,成为减少噪声的天然屏障[54]。对于山地城市的新建项目,可以利用原始地形的自然高差,减少噪声对建筑物低层的影响,而路堤可以建在沿街区域,挡土墙可以建在非沿街区域,这也将减少建设项目的挖掘成本。

实地测试、噪声地图和问卷调查结果反映,临街建筑比非临街建筑受到更多道路交通噪声的影响。受影响情况有明显的差别,包括噪声评价(55.6%:11.6%),自然通风(47.2%:2.3%),日常生活(59.3%:11.6%)和健康(41.6%:14.0%)。相似研究证实,居住在高道路交通噪声暴露和低道路交通噪声暴露卧室的住户,主观烦恼度有显著差异[55]。一项中国与英国城市的对比研究发现,中国城市较大的路网网格通常可确保非临街区域的安静,但也导致中国城市的临街建筑受交通噪声的影响比西方国家更大[40]。此外,波兰的一项研究表明,位于夜间噪声超标(由于道路交通噪声引起)区域的住宅价格比该区域以外的地方便宜约57%[56]。而本研究发现,夜间临街住宅内的环境噪声值高于标准值。根据调查,临街住宅单元的租金比同一个小区内的非临街单元便宜10%~15%。

还有研究指出,在道路交通噪声干扰较多的社区,居民的身心健康状况往往比其他社区差[57]。此外,本次调查发现51.9%的受访者认为快速路交通噪声是最令人讨厌的声音,这比另一项在山地城市——香港的调查结果(32.5%)更高[35]。楼层位置与噪声评估,噪声烦恼和交通噪声影响之间的关系很小[35]。先前研究验证了道路噪声与睡眠之间的联系[58-59]。在本研究中,由交通噪声引起的睡眠障碍的比例(41.3%)略低于Brown的研究[35](42.7%),但总体较为接近。在本研究中,有47.1%的临街住户和2.5%的非临街住户睡眠受到影响。

重庆属于夏热冬冷地区,是中国最为炎热潮湿的城市之一。适当的自然通风对于改善建筑环境和降低能耗是必要的,而且对人们的健康也至关重要。但是,城市快速路的噪声妨碍了一些嘈杂区域的自然通风。近半数(47.2%)的临街住户认为交通噪声对室内自然通风的影响"严重"或"非常严重",并且观察到卧室通风对噪声评价结果是显著的负面影响。就室内空气质量、建筑能耗以及临街住户的身心健康而言,外部环境噪声是影响室内自然通风效率的关键因素[60-61]。由于交通噪声的影响,临街建筑住宅的窗户不得不长时间关闭,这并不符合当地居民的习惯。对于临街住户(63.9%)和非临街住户(62.8%)而言,安装高性能窗户是首选策略。双层玻璃窗和三层玻璃窗对低频噪声(城市快速路噪声的主要组成部分)的隔音性能要比单层玻璃窗高[62]。通风隔声窗可平衡降噪和通风,其中,有源通风隔声窗具有更好的通风效果和声学性能[63],更适合在重庆地区使用。

此外,山地城市的道路斜坡会加剧汽车发动机的噪声。因此,本研究中72.2%的临街住户选择了低噪声汽车作为最合适的策略。先前的研究显示,电动汽车或混合动力汽车具有降低交通噪声的潜力[64-65]。然而,由于道路条件复杂,清洁能源车辆在山地城市的驱动力比汽油或柴油车辆弱,并且续航能力会受到负面影响。因此,降低现有机动车辆的噪声可能是更为经济的策略。

WHO建议居住区的夜间噪声不要超过40 dB(A)[50]。WHO社区噪声控制指南建议,卧室室内噪声水平昼间和夜间分别应不超过35 dB(A)和30 dB(A),而开窗时卧室外的噪声应不超过45 dB(A)[66]。但我国《声环境质量标准》(GB 3096—2008)规定,城市快速路两侧为4a型的声环境功能区,昼间和夜间环境噪声值分别不应超过70 dB(A)和55 dB(A),但推荐的居住区噪声限值为昼间60 dB(A)、夜间50 dB(A)。现场测量结果表明,山地城市快速路周边居住区昼间环境噪声值通常低于国家规范限值,而大多数区域的夜间噪声超出了建议值。因此,有必要在《声环境质量标准》中,为城市快速路周边的居住区制定满足居民居住和健康需要的昼夜噪声限值。

　　基于这些发现,未来的研究应进一步探索山地城市的城市声环境与其他可能的城市形态因素之间的定量关系。此外,可以进一步优化山地城市的噪声地图算法,从声学角度为山地城市建筑设计与城市规划提供指导。

3.2　快速路影响下的山地城市道观声环境

　　重庆老君洞道观被誉为"川东道教的第一丛林",位于重庆市南岸区,具有悠久的道教文化历史,在巴渝地区宗教领域享有极高的声誉,视听景观层次丰富立体,观内道教文化淳朴。老君洞道观坐落于陡峭的老君山顶部(见图 3.15),山地落差 600 余 m。由于位于山脚的内环快速路所产生的交通噪声的声压级较高,且自下而上地对道观声环境产生影响,这导致道观内主要的噪声源为交通噪声。而交通噪声对道长的休息影响最大。道长们采取了多种措施以减轻噪声的影响,包括在晚上用棉花塞住耳朵或打开电视机减轻噪声的影响。糟糕的睡眠质量让部分道长在白天时感到精神不振,影响了其工作状态和身体健康状况。

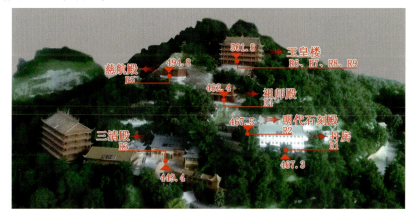

图 3.15　老君洞道观缩尺模型(单位:m)

3.2.1　山地城市道观声环境特征

　　快速路测点位置布置在老君洞道观下山小径与快速路交界处,距离车行道的路沿20 cm,距离交叉路口 50 m[见图 3.16(a)]。24 h 噪声测试发现,平均每小时车流量在昼间为 11 927 辆,夜间为平均每小时 2 026 辆。昼间等效声级为 81.3 dB(A),夜间等

效声级为 77.0 dB(A)。快速路噪声特点是持续时间长、影响范围广、干扰强度大,在
6:00—20:00 较为稳定,声压级保持在 80.0 dB(A)左右,在凌晨 3 点左右声压级最小。
重型汽车开过时的最大瞬时声压级达到 98.6 dB(A)。23:00—05:00 时段车流量相对
较少,声压级在 75.0~80.0 dB(A)。车流量呈现周期性变化,第一次高峰在 9:00 前
后,第二次高峰出现在18:00。6:00前后车流量虽然不大,但是声压级较大,这主要是
因为该时段内重型货车数量较多,且各类车型车速较快。噪声频率范围主要集中在
800~1 600 Hz,均超过 70 dB(A);4 000 Hz 以上高频噪声小于 60 dB(A)(见图 3.16)。

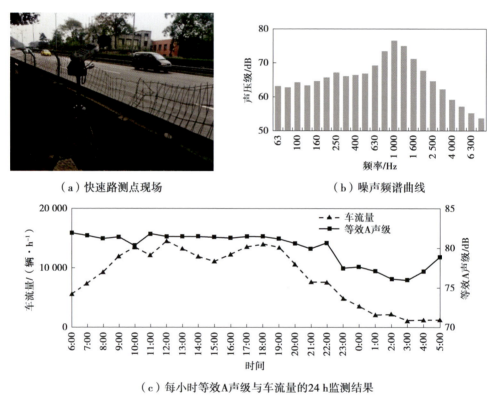

（a）快速路测点现场 （b）噪声频谱曲线

（c）每小时等效A声级与车流量的24 h监测结果

图 3.16　快速路测试情况

　　为研究快速路交通噪声对老君洞道观外部空间的干扰,在三清殿殿前、慈航殿殿
前、玉皇殿殿前及快速路沿线布置了 4 个测点,进行 24 h 环境噪声测试。结果发现 4
个测点的全天平均声压级分别为 53.6 dB(A)、57.1 dB(A)、60.3 dB(A)和 80.3 dB
(A)。从每小时的声压级变化趋势来看,各大殿在早间和晚间较为安静,三清殿的声
压级波动最大,这是由于三清殿及其殿前广场是修行人员和信众的主要活动场地,有
早晚课击打木鱼诵经、晨钟暮鼓以及其他修行活动。玉皇殿受到快速路交通噪声的影
响最为严重。

　　图 3.17 是三清殿、慈航殿和玉皇殿测点每小时的等效声压级随时间的变化曲线。
三清殿在 4:00 的 $L_{eq,1h}$ 达到最小声压级 39.4 dB(A), $L_{eq,1h}$ 最大值出现在 6:00、17:00,

分别为 57.8 dB(A) 和 59.6 dB(A)，这与大殿两侧的钟楼和鼓楼鸣奏有关。基于 24 h 测试数据结果，将慈航殿和玉皇殿实测数据中没有受到人为活动干扰的时间段中选择出来，按照时间顺序列出 3 个测点的等效声压级进行相关性分析。结果表明慈航殿和玉皇殿声压级与快速路声压级呈显著正相关，快速路产生的交通噪声直接影响了老君洞道观室外声环境。

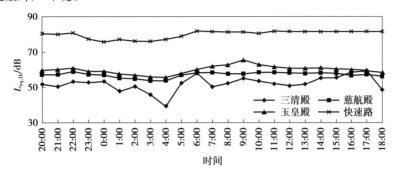

图 3.17　三清殿、慈航殿、玉皇殿与快速路每小时的等效声压级随时间变化

老君洞道观环境噪声的空间分布规律与其山地空间布局密切相关，由"玄"字形折线而上，在面朝快速路一侧的祖师殿、慈航殿、七真殿、元辰殿、灵官殿和玉皇殿等各大殿殿外测点的声压级依次增高，至道观空间的最高点玉皇楼时环境噪声声压级也达到了最高。造成这种现象是因为垂直高度较高的大殿受到建筑和树木遮挡更少，更直接地暴露在交通噪声的传播路径中。

当前老君洞道观夜间噪声远超《声环境质量标准》中规定的环境噪声限值 [夜间 55 dB(A)]；以丹房(具有办公、休息功能)为例，其环境噪声约为 62 dB(A)。老君洞道观非法会日的人流量较少，由于三清殿与玉皇楼之间存在 70 余 m 的高差，多数来观光或者祈福的游客往往只在主殿三清殿作短暂停留，上香祈福或抽签解卦，只有少部分人会沿"玄"字形折线登上玉皇楼游览整个道观。因此，三清殿内声环境相对其他大殿更为复杂多变。

声环境测试的 9 个测点设在丹房外廊及各大殿殿前平台，各测点位置及高程如图 3.15 所示。各测点的环境噪声频谱分析表明，道观的环境噪声能量集中在中低频 (63～1 000 Hz)，在此频段内噪声能量没有明显衰减。在 1 000～4 000 Hz 噪声区间，环境噪声能量随频率升高呈快速衰减。此外，4 000 Hz 频率以上的噪声能量维持在较低水平。其原因一方面是该道观周围交通噪声是以中低频为主；另一方面，遍布南山的高大乔木对高频噪声也有一定的吸收作用。

各大殿室外声环境中低频声能量明显高于高频声。500～1 000 Hz 的平均声压级约为 55 dB(A)(见图 3.18)。三清殿和明代石刻殿均为退台式建筑，殿前有较大面积的广场，且山地地形对交通噪声有一定的遮挡作用，三清殿的平均声压级为 59.6 dB(A)，殿外声压级 L_{90} 约为 50 dB(A)，由于祈福、抽签解卦等道教活动，其高频声压级明显高于其他大殿。由于其他大殿并没有殿前广场，更容易受到快速路交通噪声的直接影响，平均 A 声级约为 60 dB(A)，殿外声压级 L_{95} 均超过 55 dB(A)。

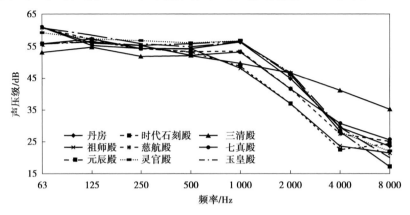

图 3.18　老君洞非法会日各大殿室外声环境频谱特性

各大殿 A 声级及统计声级见表 3.8。最大声压级受偶发事件影响较大，比如一辆重型卡车经过，或有人路过高声喧哗等情况。各个大殿殿外最大声压级均超过了 65 dB(A)；L_{10} 与最大声级的声压级差约 4 dB(A)；L_{50} 与等效 A 声级相近，这表明在测试时段内大殿声环境相对平稳。

表 3.8　老君洞各大殿等效 A 声级及统计声级

单位：dB(A)

景观点	L_{eq}	L_{max}	L_{min}	L_{90}	L_{50}	L_{10}
丹房	62.4	70.3	57.0	58.3	61.4	66.1
明代石刻殿	58.1	67.6	49.6	50.8	57.1	64.6
三清殿	59.6	70.1	48.5	49.5	57.8	64.5
祖师殿	58.1	69.8	53.3	54.1	57.6	63.5
慈航殿	60.4	67.3	58.1	58.7	60.1	62.4
七真殿	61.1	66.2	56.3	57.6	59.6	63.0
元辰殿	62.8	70.5	60.1	60.8	62.4	66.4
灵官殿	63.2	70.1	59.5	61.0	62.6	65.9
玉皇殿	63.9	68.6	60.4	61.4	62.5	65.1

3.2.2　山地城市道观声环境评价研究

传统道教宫观承载着我国本土宗教文化和道教精神信仰，极具宗教色彩的道教声音常常给人留下深刻的印象。道观舒适的声环境可以突出宗教气氛,提高修行人员的修行质量与生活品质,改善信众与游客的朝拜、游览体验。本节以典型山地城市道观——重庆市的老君洞道观为例,通过视听交互实验,分析在山地城市交通噪声的影响下道观声环境特征。

　　视觉素材的采集根据老君洞道观"由凡入仙"的景观序列,结合各景观点的自然景观特征和人文景观特征,从 15 个景观主要节点中选择了南山门、明代石刻殿和三清殿共 3 个景观节点(见图 3.19、表 3.9)。听觉素材选取了 3 个场景下的高保真环境声录音素材、纯鸟声素材及纯道教音乐素材。为控制变量,3 个实验场景下的环境声统一选用明代石刻殿处录制的音频文件,即背景声是快速路交通噪声,前景声是鸟鸣声和钟磬声。

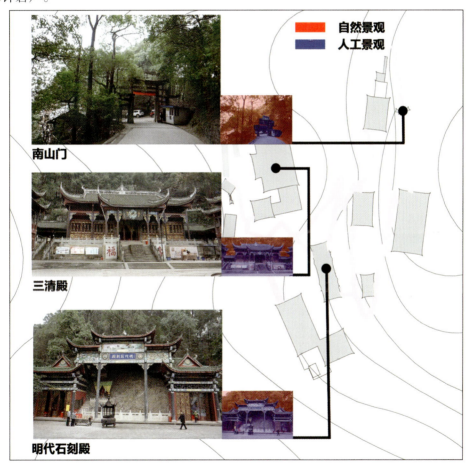

图 3.19　老君洞道观视觉材料场景示意

　　视觉素材包含南山门、明代石刻殿、三清殿 3 个场景,每个场景的视听材料分为 3 种情况,分别为只有"环境声"、"环境声+鸟声"组合、"环境声+道教音乐声"组合,一共 9 个视听材料(见图 3.20)。实验中视听材料被随机播放,每个视听材料持续播放

75 s,间隔35 s。在35 s间隔时间内读取实验者的心率数据,实验者根据观看图像时的听音感受,对舒适度进行评分。实验评分表采用11级评价量表,如:舒适度"0～10"对应为"非常不舒适"～"非常舒适"。

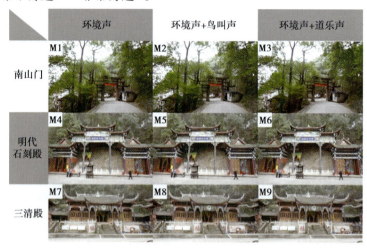

图3.20　9种代表老君洞道观视觉与声景特征的视听素材组合

实验设备包含笔记本电脑、2.0声道监听音箱与智能手环。参与视听交互实验的受试者共40人,其中20人为道观修行人员(后文称"道士"),20人为在校大学生(后文称"学生")。考虑老君洞道观受交通噪声的影响较大,为研究鸟叫声与道乐声对道士、学生在上述环境中的声舒适度与心率指标的改善效果,将仅包含道观环境声的视听场景(M1,M4,M7)设置为对照组。图3.21所示为道士与学生在体验对照组中加入鸟叫声、道乐声的视听场景后,声舒适度评价均值与心率均值的变化情况。

在声舒适度方面,道士与学生在体验仅包含环境声的视听场景时(M1,M4,M7),均感到不舒适,声舒适度均值在"5"分以下。而体验到环境声中加入了鸟声或道乐声的视听场景(M2,M3,M5,M6,M8,M9)下的道士与学生的声舒适度均值都在"5"分以上。这说明鸟声与道乐声对道观内的道士和普通人的声舒适度均有明显改善。如图3.21(a)所示,在相同的视觉场景下,道士体验到加入道乐声的视听场景的声舒适度均值提升量,均大于体验到加入鸟声的视听场景的声舒适度均值提升量(M3与M2,M6与M5,M9与M8)。当道士体验包含三清殿与鸟声(M8)、道乐声(M9)搭配的视听场景时,其声舒适度均值的提升量均达到最大值,分别为23.73%与44.07%。当学生体验南山门与鸟声搭配的视听场景(M2)时,其声舒适度均值的提升量也达到最大值(35.09%)。这表明道观中具有丰富植被的自然场景与鸟声搭配,能够起到提升普通人声舒适度的作用。

图3.21(b)所示为道士与学生体验加入鸟声、道乐声后的视听场景下心率均值的变化情况。在9种视听场景中,道士与学生在体验对照组视听场景中加入鸟声后的心率均值均下降(M2,M5,M8),其中学生在体验到南山门场景下加入鸟声后(M2)的心

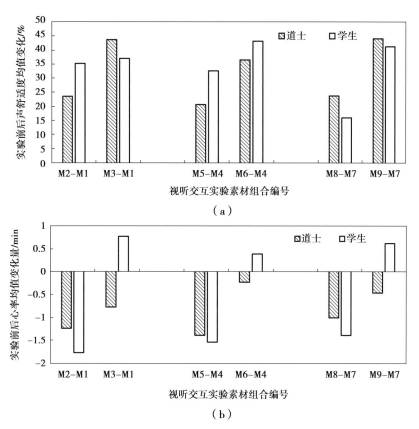

图 3.21 道士组与学生组的声舒适度与心率的变化情况

率均值下降得最明显(2.49%),而道士在体验到明代石刻殿场景中加入鸟声后(M5)的心率均值仅下降1.90%。然而,当道士与学生体验到加入道乐声的3种视觉场景中(M3,M6,M9),学生的心率均值均上升,而道士的心率均值均下降。这可能与学生对道观中神秘的道乐声产生好奇与激动的情绪有关,而道士对道乐声较为熟悉,因此感到舒适且并未过于激动。

(1)影响道士与学生视听交互评价的视觉因素

如表3.9所示,在仅包含环境声的视听场景中,体验南山门与三清殿视觉场景的学生的心率均值存在统计学上的差异性($p<0.05$)。这可能与南山门视觉场景中的绿色自然植被缓解了噪声带给学生的压力感有关。随着学生体验的视觉场景从三清殿变化到南山门(M8,M2)时,与环境声加入鸟声相搭配的视听场景使得学生的心率均值显著降低($p<0.01$)。相较于上述场景而言,当体验到的视觉场景为南山门和明代石刻殿(M2,M5)时,学生的心率均值具有统计学意义的差异性($p<0.01$),但该视觉场景下的心率均值下降量低于学生体验三清殿与南山门场景(M8,M2)时的下降量。这表明道观内两种视觉场景中自然景观占比相差越大,鸟声使普通人感到放松的效果越好。同时,在仅包含环境声加入道乐声的视听场景中,学生体验到视觉场景为南山门

的心率均值与视觉场景为三清殿的心率均值也具有显著差异($p<0.01$),心率均值显著上升。而体验到相同视听场景的道士的心率均值则无显著变化,这表明在道观中具有显著道教特征的视觉场景下,相较于道士而言,道乐声更易使普通人感到兴奋。

表3.9 道士组、学生组体验同一声源、不同视觉场景的视听素材时,其声舒适度与心率差异性检验结果

素材组合		环境声			环境声+鸟叫声			环境声+道乐声		
		M1与M4	M1与M7	M4与M7	M2与M5	M2与M8	M5与M8	M3与M6	M3与M9	M6与M9
声舒适度	道士	0.775	0.392	0.273	0.836	0.679	0.835	0.601	0.542	0.930
	学生	0.671	0.355	0.673	0.895	0.409	0.753	0.346	0.115	0.367
心率	道士	0.864	0.893	0.771	0.809	0.802	0.405	0.684	0.702	0.954
	学生	0.186	0.041*	0.547	0.011*	0.000**	0.191	0.181	0.006**	0.357

注:*表示$p<0.05$,**表示$p<0.01$。

(2)影响道士与学生视听交互评价的声源因素

如表3.10所示,在体验南山门与明代石刻殿的视觉场景时(M1与M3,M4与M6),道士与学生的声舒适度在环境声中加入道乐声后均具有统计学意义的差异性($p<0.05$)。在体验三清殿的视觉场景(M7与M9)时,道乐声使得学生的声舒适度显著上升($p<0.01$),而道士的声舒适度则无显著变化。这说明道观内道乐声在所有视觉景观下,均可以提升普通人的声舒适度,且随着道教视觉景观特征的加强,道乐声的提升效果越好。而对于道士而言,道乐声无法提升其在大殿内的声舒适度。同时,体验南山门与三清殿视觉场景时,学生的心率在环境声加入鸟声与道乐声后(M2与M3,M8与M9)均具有统计学意义的差异($p<0.05$),然而在明代石刻殿场景下并未发现该差异。这说明在道观内具有显著自然/道教特征的视觉景观中加入鸟声或道乐声时,普通人将产生不同的情绪感受。

表3.10 道士组、学生组体验同一视觉场景、不同声源的视听素材时,其声舒适度与心率差异性检验结果

素材组合		南山门			明代石刻殿			三清殿		
		M1与M2	M1与M3	M2与M3	M4与M5	M4与M6	M5与M6	M7与M8	M7与M9	M8与M9
声舒适度	道士	0.338	0.036*	0.311	0.213	0.022*	0.735	0.329	0.075	0.402
	学生	0.035*	0.049*	1.000	0.137	0.011*	1.000	0.847	0.004**	0.105
心率	道士	0.344	0.366	0.747	0.105	0.804	0.226	0.018*	0.705	0.641
	学生	0.073	0.421	0.023*	0.461	0.808	0.211	0.371	0.065	0.042*

注:*表示$p<0.05$,**表示$p<0.01$。

3.3　山地隧道声环境

我国是世界上公路隧道数量最多、建设规模最大的国家。由于我国山地城市山地众多,山地城市公路隧道的里程逐年增长。但当前公路隧道内壁多采用坚硬光滑的工程材料,吸声性能普遍较差。噪声在隧道内壁多次反射,造成隧道内噪声声压级比隧道外高 10~20 dB(A),混响时间长达 10~20 s。此外,隧道内需布置通风机械,运行时噪声较大,导致隧道内声环境进一步恶化。

3.3.1　山地城市公路隧道声环境现状

1)隧道内声场特征

隧道内声场可看作长空间声场[67],基于扩散声场的房间声学理论不适用长空间。高噪频声的衍射效应对隧道中的平面波传播影响较小,长空间的声能量流动是隧道声环境预测的重点[68]。研究者们基于辐射成像法、圆锥束跟踪法、虚源法、声线追踪法等展开了对长空间声场的研究工作,分析隧道内不同材料、空气的吸声系数、车辆数、隧道断面形状等因素对声衰减的影响,并建立了适用于隧道空间的声衰减模型[43,68-73]。此外,还分析了吸声材料面积、穿孔率等对隧道降噪效果的影响[74]。研究结果显示,长空间中声衰减受到边界类型、横断面的尺寸等因素的影响;T 形隧道交叉点处的低频声比高频声衰减得更快[75]。隧道内布置吸声体、扩散体对言语传输指数(STI)有改善作用。长空间的混响时间随着长度的增加而增加。因此,长空间尽端墙面材料的吸声性能对长空间声环境的影响显著。

2)路面与隧道壁材料

铺设低噪声路面能够有效低隧道内噪声。隧道路面材料主要分为沥青与混凝土两类。研究者通过在沥青、混凝土中加入其他材料改变原料的声学特性,分析材料不同厚度、粒径大小、环境温度等对路面材料吸声性能的影响。安装在隧道内的吸声材料在具备良好的吸声性能的同时,还应具备良好的力学性能。通过在水泥中加入橡胶、轻骨料、陶粒、明矾石等材料,研究不同配比、孔隙率等对材料吸声性能、抗压强度的影响。不同路面与隧道壁面材料的组成、声学性能或降噪效果[76-92]见表 3.11。

表 3.11　隧道内路面材料与隧道壁材料的声学性能

路面/隧道壁材料	编号	名　称	材料构成	声学性能/降噪效果
路面材料	1	多孔隙沥青混凝土	沥青+混凝土	降低小汽车噪声 5~8 dB,载重汽车噪声 3~7 dB;停车空转时的载重汽车噪声 2 dB
	2	多孔沥青	路面厚度 40 mm,集料的最大粒径 15 mm	降低 20~60 km/h 汽车的行驶噪声暴露级 5 dB 以上
	3	多孔隙沥青混合料	沥青混合料	平均降噪 5~9 dB;孔隙率越大、集料最大公称粒径越小时,沥青路面的吸声性能越好
	4	SMA 橡胶沥青路面	沥青玛蹄脂碎石(SMA)+橡胶颗粒	胎-路噪声的声压级与温度成反比,与车速、轮胎载荷成正比。对于车速在 40~80 km/h 的小汽车而言,掺量为集料质量数的 1%~3%时,比沥青玛蹄脂碎石路面噪声降低 2~3 dB
	5	橡胶沥青	4 cm 厚 ARAC-13+改性乳化沥青黏层+旧路	橡胶沥青路面与 SBS 改性沥青玛蹄脂碎石路面相比,可降低行车噪声约 3 dB
	6	防滑沥青混合料	4 cm 厚排水降噪防滑沥青混合料+ 6 cm 厚的 Sup-19 沥青混合料+ 8 cm 厚的 AC-25G 沥青混合料	噪声低于我国城市交通噪声标准 6~8 dB
	7	开级配抗滑磨耗层的沥青混合料(OGFC)	高黏改性沥青+闪长岩+普通石灰岩矿粉	50~80 km/h 车速下降低路面噪声 1.6~4.9 dB
	8	刻槽混凝土	混凝土	当刻槽深度与宽度不变时,路面噪声随刻槽中心间距增加而减小,刻槽中心间距为 25 mm 的横向刻槽比中心间距为 15 mm 的横向刻槽噪声水平降低约 3 dB

续表

路面/隧道壁材料	编号	名称	材料构成	声学性能/降噪效果
隧道壁材料	1	纤维增强水泥基泡沫吸声材料	纤维+水泥砂浆	吸声系数约为 0.5
	2	颗粒型水泥基吸声材料	硅酸盐水泥+高度聚合的萘磺酸盐	吸声系数约为 0.6
	3	水泥基膨胀珍珠岩	页岩淘沙+粉煤灰+膨胀珍珠岩+水泥+添加剂	孔隙越多,吸声性能越好。在 15.2~18.2 Hz 频段,吸收系数达最高 0.85
	4	多孔吸声材料	膨胀珍珠岩+水泥+硅酸铝纤维+松香皂	引气剂用量为 0.4%、珍珠岩掺量为 30%、水灰比为 0.725 时,多孔材料吸声性能达到最佳。相比仅采用降噪路面的隧道,采用降噪路面+多孔吸声隧道壁材料的隧道,降噪量增加了 3~9 dB
	5	聚丙烯纤维吸声板	陶粒+粉煤灰+膨胀珍珠岩	相比原始环境,噪声降低了 16.5 dB
	6	水泥基多孔材料	水泥+陶粒+矿渣+减水剂	单一粒径陶粒吸声材料的吸声效果较差。低频范围内,仅增加材料与背部空腔的厚度能改善材料的低频性能,但材料的平均吸声系数并未变化。提高材料的孔隙率及孔隙弯曲度,能够改善材料的吸声性能
	7	新型水泥基泡沫吸声材料	普通硅酸盐水泥+松香型发泡剂+复合引发剂+减水剂	当复合引发剂用量为 0.07% 时,容重 640 g/L 时,吸声性能达到最佳。在 500 Hz 以下的低频段内,吸声系数随着厚度的增加而大幅度提高

3.3.2　山地城市隧道声环境优化策略

隧道内常用材料属于声学刚性材料,导致隧道声环境恶劣。常见声学缺陷包含高噪声级、混响时间过长、语言清晰度差等。高噪声级使隧道内的人员反应速度变慢,注意力分散,容易感到烦躁和疲惫,严重影响隧道内的人员与行车安全。同时,在灾害紧急情况下,高噪声级使隧道内人员无法接收到清晰的言语信息,给逃生救援带来阻碍。因此,优化隧道内的声环境十分重要。

　　控制隧道内噪声问题可从声源和传播途径这两方面进行治理。其中,控制声源是根本性措施。隧道噪声源主要包含交通噪声和风机噪声,针对交通噪声可对车辆进行降噪研究,针对风机噪声可安装消声器。由于从噪声源角度控制噪声主要属于汽车制造、设备制造等研究领域,故本节着重从隧道内声学设计,即从传播途径控制的角度,阐述隧道声环境的优化措施。从传播途径来控制噪声分为主动降噪与被动降噪。主动降噪技术是利用两个声波的干涉原理,从而达到降噪的目的。被动降噪是利用隔声、吸声、消声等原理,通过消耗声波能量,达到降噪的目的。

　　1)主动降噪

　　隧道中噪声以中低频为主,但大部分工程材料对低频噪声的降噪效果并不明显,隧道中常采用主动降噪的方法治理低频噪声。主动降噪方式不仅可有效控制隧道内的低频噪声,且具有体量小、质量轻、不影响隧道结构等优点。隧道内的主动降噪设备采用的是主动声源,主动声源包含噪声采集系统、主动降噪控制盒、主动降噪设备箱3部分。隧道内噪声被采集后,主动声源计算出抵消噪声的声波波形,然后通过扬声器播放。

　　(1)主动降噪声场干涉原理

　　主动声源在接收到噪声后释放反相位声波,设定噪声源与主动声源做同振幅、同频率、初相位差为 $2\pi r_1/\lambda + \omega t_0$ 的简谐振动,则自由场内声源和主动声源的声波方程分别见式(3.1)和式(3.2):

$$y_1 = A\cos\left(\omega t - \frac{2\pi r_1}{\lambda}\right) \tag{3.1}$$

$$y_2 = -A\cos\left(\omega t - \frac{2\pi r_2}{\lambda} - \frac{2\pi r}{\lambda} - \omega t_0\right) \tag{3.2}$$

式中　ω ——噪声源中心到降噪点中心的距离;

　　　　y_1 ——噪声源振动位移;

　　　　y_2 ——主动声源振动位移;

　　　　A ——声源振幅;

　　　　λ ——噪声源声波波长;

　　　　t ——噪声源发声时间;

　　　　t_0 ——主动降噪控制系统的反应时间;

　　　　r ——噪声源与主动声源的距离;

　　　　r_1 ——声波叠加点距噪声源的距离;

　　　　r_2 ——声波叠加点距主动声源的距离。

　　根据式(3.1)和式(3.2),可得到噪声源声波与主动声源声波叠加处合振动式(3.3):

$$y = A\cos\left(\omega t - \frac{2\pi r_1}{\lambda}\right) r_{10} - A\cos\left(\omega t - \frac{2\pi r_2}{\lambda} - \frac{2\pi r}{\lambda} - \omega t_0\right) r_{20}$$

$$= Ae^{i\omega t}e^{i}\left[\frac{2\pi r_1}{\lambda}r_{10} - \left(\frac{2\pi r_2}{\lambda} + \frac{2\pi r}{\lambda} + \omega t_0\right)r_{20}\right] \tag{3.3}$$

式中　y ——声波叠加点振动位移；

　　　　r_{10} —— r_1 方向的单位矢量；

　　　　r_{20} —— r_2 方向的单位矢量；

　　　　i——单位虚数，$i^2 = -1$。

合振幅不含振动时间，表明空间中的合振动强弱分布是稳定的。基于经验可知，当声波叠加点位置满足式（3.4）时，合振幅减小。当噪声源和主动声源位置固定后，某噪声频率声场内满足式（3.4）的降噪点，在噪声频率成倍增加后仍为降噪点，式（3.4）可简化为式（3.5）：

$$r_2 + r + ct_0 - r_1 = n\lambda \tag{3.4}$$

$$r_2 + r + ct_0 - r_1 = (n + 0.5)\lambda \tag{3.5}$$

式中　c ——声速；

　　　　n ——波长的正整数倍数。

（2）主动降噪案例

张雪峰以高速公路隧道内低频交通噪声研究为例，阐述了主动降噪前后的隧道声环境变化，并基于有限元理论与现场实测结果，建立了有限元声学模型（见图 3.22），分析了不同工况下的隧道声场特征与主动声源不同位置对隧道降噪效果的影响[93]。研究中，测声点离隧道壁面 0.5 m，距离地面 1.65 m。噪声源位于隧道中轴线上，纵向距离隧道口 50 m，距离地面 0.8 m。因为改变噪声声压级不会造成声场分布规律的改变，所以将噪声源声压级设为 134 dB，频率分别为 125 Hz、250 Hz、500 Hz、1 000 Hz。

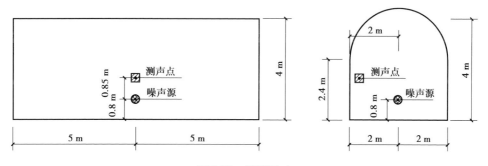

图 3.22　隧道尺寸

以噪声源所在横断面为基准面，取纵向与基准面距离相等的两个横断面为主动声源的布置平面，按竖向高度将主动声源分为 1 m、2 m、3 m、3.75 m 四类点。将主动声源按照以下 4 种方式开启：只开启一侧截面上的一类点或两类点（工况用 D 表示），同时开启两侧截面上的一类点或两类点（工况用 S 表示）。改变主动声源布置断面与基准面的距离，分别为 2 m、6 m。结果显示（见图 3.23），主动声源所在截面距离声源基准面为 2 m 的 S（1）工况下的降噪效果最好。在 125 Hz、250 Hz、500 Hz、1 000 Hz 频率下降噪均大于 4 dB,最高为 10 dB。

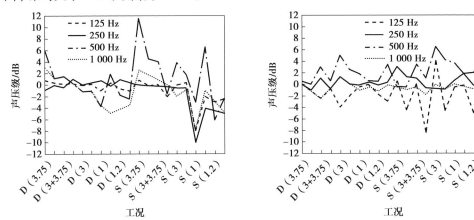

|（a）声源距离基准面2 m|（b）声源距离基准面6 m|

图 3.23　不同工况下降噪效果对比

2）被动降噪

隧道内被动降噪常用的方法分为铺设低噪声路面与壁面采用吸声材料或吸声结构两种。隧道内的吸声材料或吸声结构的声学特性应参考噪声源声学特性选用,且应虑防火性能、抗压性能等设计要求。

（1）被动降噪原理

吸声系数大于 0.2 的材料和结构常被称为"吸声材料"或"吸声结构"。吸声材料或吸声结构主要用于控制混响时间、消除声聚焦缺陷等。吸声材料和吸声结构按吸声机理分为多孔吸声材料、共振型吸声结构和兼有两者特点的复合吸声结构。多孔吸声材料是隧道中最常用的声学材料,广泛地应用于隧道路面与壁面。其构造特点是具有大量内外连通的微小间隙和连续气泡,因而具有通气性。当声波入射到多孔材料表面进入材料内部后,会引起孔隙中的空气振动,空气与孔壁的摩擦使声能转化成热能而被损耗。影响多孔吸声材料吸声性能的因素主要有材料的空气流阻、孔隙率、表观密度和结构因子等。此外,材料厚度、面层类型及环境条件等因素也会影响其吸声特性。空腔共振吸声结构常用于隧道壁面,穿孔板和背后空气层构成的吸声构造能够满足不同隧道的吸声性能要求。

（2）被动降噪案例

[案例 1]　隧道内不同类型路面的路面噪声水平

路面噪声是隧道交通噪声的主要组成部分,不同刻槽形式的路面噪声水平差异较为明显,改变传统水泥混凝土路面的刻槽形式与参数,可有效改善隧道水泥混凝土路面的噪声水平。有学者选择 3 条隧道路面作为研究对象,对不同刻槽形式的水泥混凝土路面的噪声水平进行了实测分析研究[94]。3 条隧道包含有亚洲第二长公路隧道——麦积山隧道和其他隧道水泥混凝土路面,表 3.12 为 3 条隧道的详细信息。实验中,路面的噪声采集采用随车声强仪法(OBSI),车辆以 60 km/h 的速度匀速通过测试路段。测试车辆随车声强仪法安装于轮轴外端,噪声采集频率设定为 10 000 Hz。测试结果如图 3.24 所示。

表 3.12　3 条试验隧道

测试编号	隧道名称	路面纹理	构造参数/mm 刻槽宽度×深度@刻槽中心间距
A	汪家坝隧道	横向刻槽	5×5 @ 25
B		纵向刻槽	5×5 @ 25
C		横向组合刻槽	5×5 @ 25/50
D		纵横组合刻槽	5×5 @ 25
E	郭家山隧道	横向刻槽	5×5 @ 20
F		纵向刻槽	5×5 @ 25
G		纵横组合刻槽	5×5 @ 25
H	麦积山隧道	纵横组合刻槽	5×5 @ 25
I		横向刻槽	5×5 @ 20

结果显示,横向刻槽水泥混凝土路面的噪声为 100~104 dB(A)。当横向刻槽水泥混凝土路面的刻槽深度与宽度相同时,随着刻槽中心间距的增大,路面的噪声水平随之减小。当刻槽参数相同时,中心间距为 25 mm 的横向刻槽比中心间距为 15 mm 的横向刻槽的路面噪声水平降低了 2~4 dB(A)。横向刻槽水泥混凝土路面的路面噪声的主要分布在 500~5 000 Hz,峰值在 800~1 500 Hz。峰值频率之前,隧道的路面噪声的声级

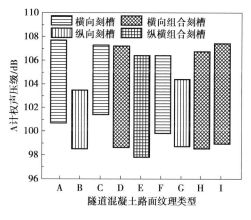

图 3.24　不同路面结构隧道噪声测试结果

水平随中心频率的增加而增加;峰值频率之后,路面噪声的声级水平随着中心频率的增加而下降。

采用纵向刻槽混凝土路面相比横向刻槽混凝土路面的噪声水平更低。刻槽参数相同时,纵向刻槽路面比横向刻槽路面的路面噪声水平降低了 4~6 dB(A)。纵向刻槽路面的路面噪声的峰值频率集中在 800~1 500 Hz 区域;在 1000~1 500 Hz 区域之前,路面噪声的声压级随中心频率的增加而增加;1 000~1 500 Hz 区域之后,声压级随中心频率的增加而减小。

[案例2] 隧道内壁面材料对交通噪声降噪效果研究

陈延训选取重庆向阳隧道作为实验研究对象,该隧道长 568 m、宽 7.3 m、高约 6 m,断面形状见图 3.25[74]。隧道原始情况为混凝土壁面、沥青混凝土路面。实验中,在隧道壁面低于 2.5 m 处铺设马赛克瓷砖,高于 2.5 m 处的壁面与顶棚铺设穿孔率为 5% 的穿孔板,穿孔板面积占总壁面与天棚面积的 46.6%。隧道内铺设穿孔板之后,隧道内交通噪声级显著降低(见表 3.13)。其中,50~400 Hz 倍频程的噪声级降低 7 dB(A) 以上,等效连续噪声级降低 10.5 dB(A) 以上。

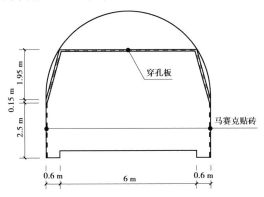

图 3.25 隧道断面与穿孔板铺设方案

表 3.13 隧道壁面与拱顶铺设穿孔板前后的隧道内交通噪声声压级

单位:dB

车流量/(辆·h^{-1})	L_{50}		L_{10}		L_{eq}	
	铺设前	铺设后	铺设前	铺设后	铺设前	铺设后
50	75.5	60.8	82.9	75.9	80.8	72.6
100	80.3	67.0	88.7	79.0	86.1	75.8
200	85.1	73.0	94.5	82.3	91.4	79.0
400	89.8	79.3	100.3	85.5	96.6	82.2

第4章 山地城市轨道交通沿线居住区声环境

《城市公共交通分类标准》(CJJ/T 114-2007)明确了城市轨道交通包括地铁系统、轻轨系统、单轨系统、有轨电车、磁浮系统、自动导向轨道系统、市域快速轨道系统等。城市轨道交通是城市公共交通的骨干,具有节能、省地、运量大、全天候、无污染(或少污染)、安全等特点,属绿色环保交通体系,特别适用于大中城市。但由于轨道交通系统的噪声级别过高,可能会对沿线居住区造成不利影响。

山地城市起伏的地形,形成了轨道交通系统与其周围环境之间的复杂空间关系。由于有限的土地资源和高密度的人口,重庆大部分轨道交通线路与其周围的住宅、学校、医院等建筑相邻较近。一些情况下,单轨轨道与周围建筑之间的距离甚至小于5 m,并且没有设置任何声屏障或进行声学处理。此外,随着重庆城市化进程中城市轨道交通的发展,潜在的噪声暴露影响愈趋严重。另一项关于城市交通噪声和干扰性的研究表明,从昼夜等效噪声水平来看,轨道交通对城市居民的影响高于道路交通噪声[95]。然而,大多数研究主要关注平原城市中轨道交通噪声问题,少有针对山地城市区域轨道交通系统的研究。

因此,本章的研究目的是考虑山地城市空间形态特征,探索山地城市轨道交通噪声影响和主观噪声暴露反应。本章对重庆城市铁路、单轨系统沿线典型居住区声环境的详细测试与问卷调查进行了系统的分析。

4.1 山地城市铁路沿线居住区声环境

4.1.1 项目概况及声环境评价依据

以重庆市渝北区某地块多层住宅为研究对象(见图4.1),评估交通噪声尤其是铁路噪声对该地块多层住宅用地的影响现状。选取该地块的主要原因在于:一是该区域受交通噪声影响相对较大,尤其是当列车鸣笛时;二是项目自身对声环境品质的定位较高。作为高档住宅,项目应执行《声环境标准》1类标准[昼间50 dB(A)、夜间40 dB(A)]。

（a）　　　　　　　　　　　（b）

图4.1　重庆市某地块多层住宅及声环境测点布置情况

声环境评估依据如下:

①《铁路边界噪声限值及其测量方法》(GB 12525—1990)修改方案;

②《重庆市城市区域环境噪声标准适用区域划分规定》(渝府发〔1998〕90号);

③《重庆市"宁静行动"实施方案(2013—2017年)》(渝府发〔2013〕43号);

④《声屏障声学设计和测量规范》(HJ/T 90—2004);

⑤《声环境质量标准》(GB 3096—2008);

⑥《环境影响评价技术导则 声环境》(HJ 2.4—2009);

⑦《民用建筑隔声设计规范》(GB 50118—2010)。

评估的目的如下:

①依据相关标准,对影响基地的列车通行规律进行调查;

②依据相关标准,主要测量指标为昼、夜间的等效连续声级 L_d 及 L_n 与最大声级 L_{max},单位为 dB(A);

③进一步分析基地噪声的详细特性,包括各种列车车型通过时的噪声时频特性、基地背景噪声的频谱特性等;

④对典型时段进行噪声与视频的录制。

评估原则如下:

①基于不利原则;

②尽可能多地选取不利点,确保评估的可靠性;

③便于同时监测。

为了更加准确、全面地了解现场的噪声情况,采用了 1/3 倍频程逐秒测量的方式,实际测量时间总计超过 51 h,共获得 183 600 组以上的数据。整理剔除部分无效数据后,得到本节测量分析结果。重点考虑场地周围情况、列车通过时的场景和背景噪声来源(见图 4.2)。

图 4.2　声环境测试情况

4.1.2　山地城市铁路沿线居住区声环境现状

目前平均通车量为昼间 9.1 辆/h,夜间 7.0 辆/h,全天 8.4 辆/h。

表 4.1、图 4.3—图 4.5 的现场评估结果表明:场地室外 1#～3#测点处昼、夜等效声级均能满足《声环境质量标准》(GB 3096—2008)中关于 4b 类功能区噪声限值的规定,但夜间突发噪声(主要为列车鸣笛)最大声级不满足限值规定。作为住宅项目,场地室外 1#～3#测点处昼、夜等效声级与夜间突发噪声最大声级均不能满足《声环境质

量标准》(GB 3096—2008)中关于 1 类功能区噪声限值的规定。

表 4.1　1#测点与样板间测点昼夜声压级测量结果

单位:dB

测　点	时　间	声压级	
1#测点	昼间	L_{max}	89.2
		L_d	58.0
	夜间	L_{max}	85.3
		L_n	55.7
样板间测点	昼间	L_{max}	53.5
		L_d	26.8
	夜间	L_{max}	52.5
		L_n	23.9

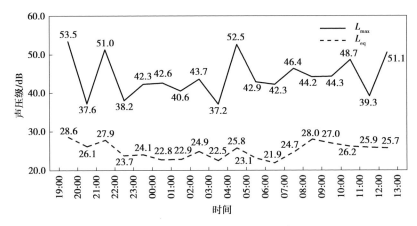

图 4.3　测量结果(样板间测点)

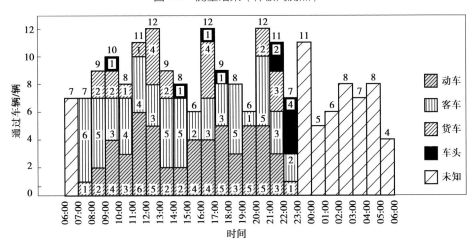

图 4.4　列车每小时通过数量

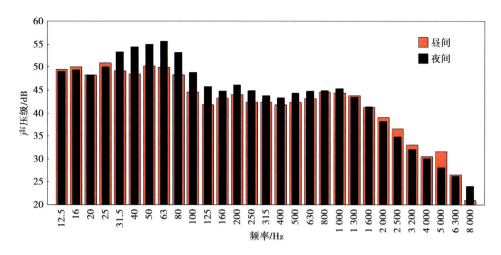

图 4.5　昼、夜间背景噪声频谱

图 4.6 为噪声地图模型的建立情况,该模型考虑了山地因素。由图 4.7 上车道(近)通行客车时噪声分布情况可知,上车道(近)通行客车时,噪声对项目的影响情况最大,动车和货车影响相差 2~3 dB(A)。当上车道(近)增设直板式声屏障(高约3.5 m)时,场地内的等效连续 A 声级可降低约 10 dB(A)。当中车道和下车道无列车经过时(仅考虑上车道),直板式声屏障降噪效果较为明显。

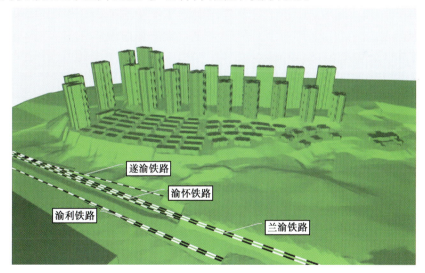

图 4.6　噪声地图建模及周边铁路状况

当上车道(近)增设直板式声屏障(高约3.5 m),且中车道和下车道无列车经过时(仅考虑上车道),场地内环境噪声情况基本满足 4b 类声环境功能区的环境噪声限值要求。靠近铁路一侧前 3 排建筑不满足 2 类声环境功能区的环境噪声限值要求(尤其是夜间等效连续噪声级)。当上车道(近)有列车经过时,场地内的等效声级衰减较快,声级差可达 10 dB(A),前两排建筑对噪声的阻挡作用较为明显。

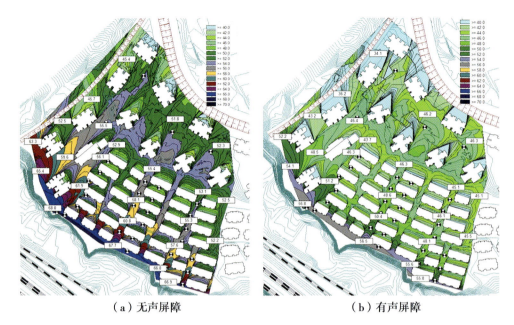

（a）无声屏障 （b）有声屏障

图 4.7 上车道（近）通行客车时噪声分布情况

由图 4.8 通行客车时噪声分布情况可知，下车道（近）通行客车时，噪声对项目的影响情况最大，动车和货车影响相当，其影响大致相差可达 3 dB（A）。当上车道和中车道无列车经过时（仅考虑下车道有单趟列车经过），场地内环境噪声情况基本满足 4b 类声环境功能区的环境噪声限值要求。靠近铁路一侧前 3 排（局部 4 排）建筑不满足 2 类声环境功能区的环境噪声限值要求（尤其是夜间等效连续噪声级）。

（a）下车道（近） （b）中车道（远）

图 4.8 通行客车时噪声分布情况

中车道（近）通行客车时，噪声对项目的影响情况最大，动车和货车影响相当，相差 3~4 dB(A)。当上车道和下车道无列车经过时(仅考虑中车道有单趟列车经过),场地内环境噪声情况出现了局部不满足列出的 4b 类声环境功能区的环境噪声限值要求。就现阶段情况而言,中车道列车通行时,其噪声对项目场地的影响较上车道(已加设隔声屏障)和下车道更大。

当上、中、下 6 个车道有单趟列车经过时,场地内环境噪声限值不满足《声环境质量标准》中 2 类标准的要求。当上车道(加设声屏障)和下车道分别有单趟列车经过时,场地内环境噪声限值基本满足《声环境质量标准》中 4b 类标准的要求。当中车道有单趟列车经过时,场地内环境噪声限值不满足《声环境质量标准》中 4b 类标准的要求。

实际上,往往存在上、中、下车道同时有多趟列车的情况,现分析列车组合运行时的场地内环境噪声。列车组合运行工况设置见表 4.2。6 种工况下,两条铁路同时有客车经过时,场地内的靠近铁路前两排(局部 3 排)建筑夜间等效声级不满足 4b 类标准要求的等效声级限值。同时,场地内的最大噪声衰减可达 18~21 dB(A)。需要说明的是,当有列车同时出现在相应车道上时,场地内的等效声级较单趟列车出现增加 3~5 dB(A)。

表 4.2　两条铁路线路列车组合运行工况设置

组合工况	下车道(近)	下车道(远)	上车道(近)	中车道(近)
工况 1	客车	客车	—	—
工况 2	客车	—	客车	—
工况 3	客车	—	—	客车
工况 4	—	客车	客车	—
工况 5	—	客车	—	客车
工况 6	—	—	客车	客车

当单辆列车鸣笛时,场地内的最大声压级基本可以满足《声环境质量标准》4b 类标准中最大声压级限值要求。但是,不能满足 2 类标准中最大声压级限值要求。当列车交汇且同时鸣笛时,场地内的最大声压级局部不能满足《声环境质量标准》4b 类标准中最大声压级限值要求。

4.1.3　山地城市铁路沿线居住区声环境特征

项目所在地不满足《声环境质量标准》(GB 3096—2008)中场地噪声相关规定。现场测试发现,三期场地室外 1#~3#测点处昼、夜等效声级正常情况下能满足《声环境质量标准》(GB 3096—2008)中关于 4b 类功能区噪声等效声级限值的规定(偶尔出现不满足的情况），但夜间突发噪声（主要为列车鸣笛）最大声级不满足限值规定。

现场实测与计算分析表明，场地内昼、夜等效声级与夜间突发噪声最大声级均不能满足《声环境质量标准》（GB 3096—2008）中关于 1 类功能区噪声限值的规定。场地 1#～3#测点处声环境比《声环境质量标准》（GB 3096—2008）中关于 1 类功能区噪声等效声级限值高出 10 dB（A），最大声压级高出 25 dB（A）。

4.2 山地城市单轨交通沿线居住区声环境

城市快速轨道交通在近 10 年中已成为中国城市公共交通系统的重要组成部分。单轨被看作安全可靠的大容量公共交通系统，相邻单轨车站之间的距离远小于城市重型轨道交通（地铁、火车）系统。单轨为人们提供了高质量的交通服务，并且有效地解决了区域之间的交通问题。尤其是在西欧和北美地区，快速轨道交通系统越来越受大众喜欢，并且数量比重型轨道交通多[96]。但由于快速轨道交通系统的噪声级别过高，可能对沿线城市居住区造成不利影响。因此，快速轨道交通是一种新型噪声源。

目前已经有一些关于城市轨道交通噪声及其对城市环境和公共健康影响的研究[97-98]。通常情况下，轨道交通系统运行过程中发出的噪声水平可能与列车的运行速度、车轮滚动、结构承载和制动类型显著相关[99-101]。在城市区域内，如果城市中列车以低于 24 km/h 的速度运行，可能不会对相邻居民的睡眠产生影响，也不会打扰到当地居民，但是在大多数中国城市中，已建成的轨道交通系统达到 60 km/h 的运行速度。在高密度城市区域，存在轨道交通与建筑物距离较近的现象[102]。因此，优先解决轨道交通噪声污染尤为必要。

与平原城市不同的是，山地城市的城市道路分布密集、街道狭窄[103-104]，街谷效应（Street canyon effect）显著[42]。重庆作为典型的山地城市，市区中大多数建筑直接建在坡度为 50°的山坡上。与传统城市轨道交通相比，跨座式单轨系统更适合山地城市的多维空间。其专用轨道、转向架、道岔，具有爬坡能力强、转弯半径小、运行噪声低、经济适用性强等特点[105]，从而解决了地形复杂、人口密集等山地地形特征所带来的一系列实际问题。

4.2.1 山地城市轨道交通典型空间形态分类

本节研究了在运营中的重庆城市轨道交通系统，选取了采用单轨系统的轨道交通 2 号线和 3 号线沿线地区作为案例研究区域。2 号线和 3 号线连接重庆市七大主城区,是重庆市较早建成的轨道交通线路,也是重庆市轨道交通系统的骨架。

　　研究山地城市单轨噪声影响的首要环节,是对复杂的山地城市单轨沿线的空间环境进行分类。表4.3 为山地城市(重庆)单轨线路和周围环境的 8 种典型关系,即"地下型""过江型""临江靠山型""临山靠建筑型""临江靠建筑型""穿建筑型""建筑之间型"以及"混合型"。"混合型"指包含不少于前 7 种模式中的两种作为组合。例如:某一位置存在"穿建筑型""临建筑靠山型"与"建筑之间型"的组合。根据实地调研发现,"建筑之间型"和"混合型"是两种最具有山地特征的单轨线路模式。因此,本研究选择具有这两种类型特征的区域进行案例研究。

表 4.3　山地城市(重庆)单轨线路和周围环境的 8 种典型关系

类　型	示意图	实　例
地下型		
过江型		
临江靠山型		
临江靠建筑型		
临山靠建筑型		
穿建筑型		

续表

类　型	示　意　图	实　例
建筑之间型		
混合型		

　　考虑建筑物与轨道之间的距离、建筑高度与建筑功能,3 个临街单轨线的典型居住区被选为案例研究区域。图 4.9 显示了区域 A(黄花园与临江门站之间)、B(李子坝站)和 C(长福路与回兴站之间)的卫星图和照片,以及用于短期户外测量和长期测量的相应接收点。在本节研究中,区域 A 和区域 B 被归类为"混合型"空间特征,而区域C 属于"建筑之间型"。

（a）区域A　　　　　　　　　　　　（b）区域B

（c）区域C

图 4.9　案例区域卫星图与部分测点位置照片示意
（卫星图引自：百度地图）

由图 4.9(a)可知,在区域 A 中,轨道的一端位于建筑物中,另一端位于山体隧道中。轨道的中间部分为设置在居住区中的高架。单轨在距地面 10 m 的高度运行。此外,这个空间复杂的区域被 3 栋塔式住宅和另一座在建建筑所包围。由图 4.9(b)可知,在区域 B,轨道平行于城市道路上方,单轨穿过建筑 BY 第 8 层。该区域南部是一些低层建筑和山丘。建筑 BX 与轨道之间的最小距离仅为 3 m。图 4.10 为区域 B 的详细截面图,图中不同建筑功能以不同颜色示意,并且标注了 26 个短时段测点。单轨穿建筑 BY 而过,而建筑 BX 紧邻轨道,指示建筑和轨道之间的"面向轨道"和"被轨道穿过"两种空间关系。由图 4.9(c)可知,在区域 C 中,轨道架设于双向四车道主干道的正上方。值得注意的是,该区域的轨道转弯半径(约 160 m)小于中国其他城市轨道交通(通常为 250~300 m),且轨道与周边建筑 CX 或 CY 之间的距离也远低于规范控制间距(30 m)[106]。因此,单轨可能会对两侧的居住建筑造成更大的负面影响。

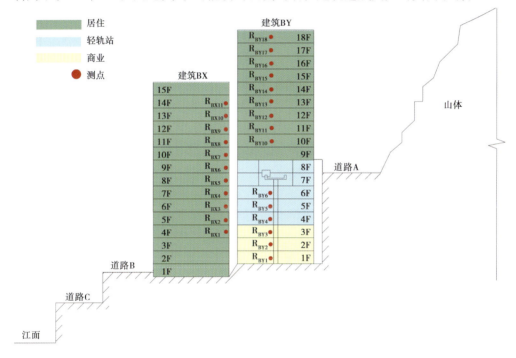

图 4.10　具有典型山地特征的区域 B 截面图

4.2.2　山地城市单轨沿线声环境特征

山地城市空间结构复杂多变,为详细反映山地城市建筑与轨道之间复杂空间关系,声环境测点的布置不仅考虑了"面向轨道"和"被轨道穿过",还考虑了"轨道上方"和"轨道下方"两种类型,共计 48 个测点。环境噪声测试使用 I 型声级计,声级计放置在距地面 1.2 m 处,室外测点距建筑物 2 m 以上,楼层测点距窗外 1 m。一次短时段声环境测试持续 10 min,期间包括至少 3 次列车通过。

长时段声环境测试为 24 h 连续测试,共 3 个测点。分别在 A 区域内距离轨道最近(2 m)的 R_{A24h}(2 楼)、B 区域内距离轨道最近(5m)的 R_{B24h}(8 楼)和 C 区域内距离轨道最近(12 m)的 R_{C24h}(4 楼)的 3 个住户卧室窗外。

所有测试均在工作日昼间进行,测试期间天气晴朗、无雨无风。测试参数包括等效声压级(L_{eq})、背景声级(L_{90})、侵入声级(L_{10})、中值声级(L_{50})、最大声级(L_{max})、最小声级(L_{min})以及 1/3 倍频程频谱。声环境测试按照《声学 环境噪声的描述、测量和评价 第 2 部分:环境噪声级别的测定》(ISO 1996-2-2007)标准[6]执行。

使用 SPSS 18.0 软件对相关数据进行统计分析。首先对所有收集的数据进行正态性检验,以确定是否应使用参数检验或非参数方法。经检验,这些参数呈正态分布。采用 Pearson 相关性分析,分析各测点多个声学参数与轨道之间距离的关系。

1)单轨噪声短时段测试及分布规律

表 4.4 为 3 个案例区域的短时间测量结果,包括 L_{eq}、L_{10}、L_{50}、L_{90}、L_{max} 和 L_{min},以及测点和轨道之间的距离。需注意的是,45 个测点的噪声值为 60.1~74.6 dB(A),均超过了我国《声环境质量标准》[19]推荐的居住区昼间室外噪声值 60 dB(A)。测得的最大声级 L_{max} 有时可高于 90 dB(A),此声级足以干扰人们的工作和休息。区域内,甚至大多数测试位置的 L_{min} 超过 50 dB(A)。在 3 个区域中,区域 C 的声环境质量最差,有 75%测点的噪声值比指导值高 14.6 dB(A)以上。

表 4.4 还显示了各测点与轨道的相对空间关系和距离。以区域 B 为例,无论是"面向轨道"(BX 楼正面)还是"被轨道穿过"(BY 楼侧面),在与轨道的距离相同情况下,通常"轨道之下"区域的噪声比"轨道之上"区域大 3.4~8.4 dB(A),这可能是因为"轨道之下"有更多声音反射,如地面反射。为尽量减少单轨噪声的负面影响,我国声环境标准中建议,城市居民区距离轨道至少 30 m。但由于山地城市的地形复杂,单轨建设空间有限,因此轨道交通沿线建筑离轨道较近,有些位置甚至只有 3~4 m 的距离。这也是轨道交通沿线建筑中噪声水平过高的主要原因。

表 4.4 3 个案例区域的短时段声环境测试结果

测点	轨道之上/轨道之下	面向轨道/被轨道穿过	与轨道的距离/m	L_{eq} /dB	L_{10} /dB	L_{50} /dB	L_{90} /dB	L_{max} /dB	L_{min} /dB
R_{A1}		被穿过	3.1	67.3	69.3	64.3	60.2	80.2	44.6
R_{A2}			15.2	64.0	66.0	60.3	58.3	80.3	56.5
R_{A3}	之下		13.4	67.3	68.5	58.9	57.1	81.6	55.8
R_{A4}		面向	12.6	66.5	66.0	59.5	58.1	81.5	56.9
R_{A5}			11.2	64.9	65.8	60.3	58.3	79.8	56.9

续表

测点	轨道之上/ 轨道之下	面向轨道/ 被轨道穿过	与轨道的 距离/m	L_{eq} /dB	L_{10} /dB	L_{50} /dB	L_{90} /dB	L_{max} /dB	L_{min} /dB
R_{A6}	之上	面向	11.6	67.6	70.8	60.1	58.3	80.3	56.9
R_{A7}		被穿过	9.5	64.2	66.0	60.1	58.4	77.1	56.8
R_{BX4}	之下	面向	13.9	63.3	65.4	59.7	56.8	74.7	54.5
R_{BX5}			13.2	63.2	66.0	60.3	57.3	76.9	54.7
R_{BX6}			11.1	65.3	68.6	61.9	58.5	76.0	55.8
R_{BX7}			8.6	65.1	66.4	61.5	58.4	77.1	54.8
R_{BX8}			6.8	67.8	68.3	62.4	60.2	81.9	57.4
R_{BX9}			5.4	65.6	68.4	62.4	59.5	77.1	57.6
R_{BX10}	之上		4.4	64.2	67.3	60.2	57.3	76.5	54.7
R_{BX11}			6.1	65.2	67.9	61.3	56.9	76.7	55.0
R_{BX12}			7.7	64.4	66.6	60.4	57.3	77.1	55.0
R_{BX13}			9.6	65.2	66.4	61.2	57.6	76.8	55.5
R_{BX14}			11.9	64.2	65.9	59.6	56.9	77.1	51.1
R_{BY1}	之下	被穿过	17.8	65.7	66.9	64.6	63.9	73.9	59.1
R_{BY2}			14.8	65.7	66.7	64.6	63.4	74.2	56.3
R_{BY3}			11.8	65.3	66.2	64.2	63.4	73.7	62.0
R_{BY4}			8.8	68.5	69.9	66.7	64.3	80.6	57.5
R_{BY5}			5.8	66.9	66.7	64.4	63.3	80.3	62.6
R_{BY6}			2.8	66.7	71.4	62.2	60.2	81.1	58.5
R_{BY10}	之上		7.2	60.2	62.7	58.4	55.7	71.6	53.2
R_{BY11}			10.2	61.7	62.7	58.7	56.0	76.4	53.4
R_{BY12}			13.2	60.1	61.8	58.7	55.5	72.0	53.2
R_{BY13}			16.2	61.8	64.2	59.7	57.1	73.3	55.2
R_{BY14}			19.2	61.4	64.6	59.4	56.7	71.0	52.3
R_{BY15}			21.2	60.6	62.6	59.4	56.9	68.8	51.5
R_{BY16}			24.2	61.8	63.8	60.0	58.1	71.6	56.8
R_{BY17}			27.2	61.3	62.5	60.0	58.5	71.5	56.0
R_{BY18}			30.2	62.5	63.6	61.2	59.7	73.1	58.7

续表

测点	轨道之上/轨道之下	面向轨道/被轨道穿过	与轨道的距离/m	L_{eq}/dB	L_{10}/dB	L_{50}/dB	L_{90}/dB	L_{max}/dB	L_{min}/dB
R_{C1}			4.3	74.0	77.1	69.9	65.6	89.6	60.5
R_{C2}			6.0	74.6	78.7	70.1	63.9	90.5	60.3
R_{C3}			10.4	72.8	76.3	70.6	63.2	84.9	56.9
R_{C4}	之下		12.1	74.4	76.1	70.8	65.6	90.7	61.9
R_{C5}		面向	13.4	70.9	74.2	68.9	63.5	83.4	61.1
R_{CX1}			8.8	69.0	72.0	66.4	61.7	86.3	58.2
R_{CY1}			12.5	70.6	73.2	68.4	64.4	82.0	60.7
R_{C6}			8.0	70.9	74.0	69.6	65.4	79.2	61.9
R_{CX2}			5.24	71.0	74.2	68.0	63.2	86.3	59.5
R_{CY2}	之上		7.5	72.2	75.3	70.8	65.0	82.7	61.7
R_{CX3}			9.0	67.0	70.0	65.5	62.0	78.4	58.7
R_{CY3}			12.3	68.9	71.8	67.1	62.2	78.6	59.4

图 4.11 中展示了 5 个典型位置测量的每秒等效 A 声级和 1/3 倍频程结果。区域 A 的 R_{A7} 位于轨道上方的一栋住宅楼前面。当单轨列车驶入附近山体的隧道时,其最高噪声等级立即可达到 90 dB(A)[见图 4.11(a)]。对于区域 B,BX 楼中设有单轨站,出站或进站的单轨车辆通常会产生明显的制动或牵引噪声。出站车辆在加速阶段产生的噪声值比进站车辆在减速阶段的噪声水平高出约 2 dB(A)[见图 4.11(c)]。由于地形复杂和建筑密度大,山地城市的单轨弯道比平原城市中出现的频率更高。因此,单轨列车在进入转弯半径较小的弯道之前,需要在直线轨道上提前制动。在区域 C,靠近弯道的位置的噪声级别比直线轨道的位置低 1.2~1.8 dB(A)[见图 4.11(e)]。从图 4.11 的频谱分析也可以看出,低频噪声(40~100 Hz)为单轨沿线的环境噪声主要成分,而中高频成分相对较少。

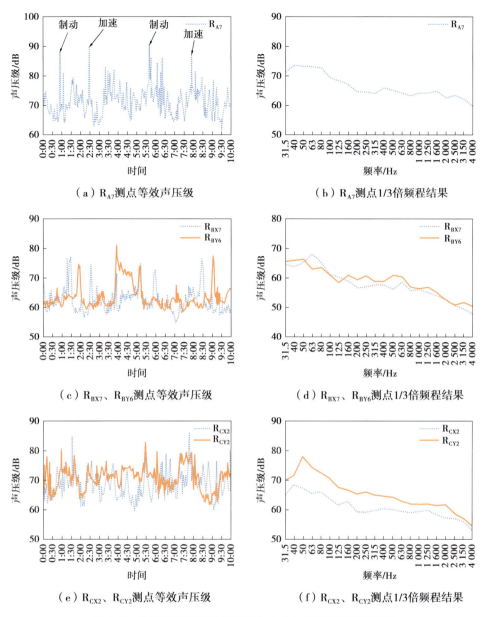

（a）R_{A7}测点等效声压级　　　　　　（b）R_{A7}测点1/3倍频程结果

（c）R_{BX7}、R_{BY6}测点等效声压级　　　（d）R_{BX7}、R_{BY6}测点1/3倍频程结果

（e）R_{CX2}、R_{CY2}测点等效声压级　　　（f）R_{CX2}、R_{CY2}测点1/3倍频程结果

图 4.11　声环境测试等效声压级与1/3 倍频层频谱分析结果

　　表 4.5 为短时段测量的声学参数（L_{eq}、L_{50}、L_{10}、L_{90}、L_{max} 和 L_{min}）与测试位置和单轨之间距离的相关性分析。结果表明,对所有测试位置来说,与单轨之间的距离和 L_{eq}（$p<0.01$）、L_{10}（$p<0.01$）、L_{50}（$p<0.05$）、L_{max}（$p<0.01$）呈显著负相关。而位于"轨道之上"的测试位置,L_{eq}（$p<0.05$）、L_{10}（$p<0.05$）和 L_{max}（$p<0.01$）也是与距离呈显著负相关。同样,对于"被轨道穿过"建筑的测试位置,L_{eq}（$p<0.05$）、L_{10}（$p<0.05$）和 L_{max}（$p<0.01$）与距离呈显著负相关。可以看出,L_{max} 在识别单轨特征方面发挥了重要作用,它反映

了低背景噪声水平和低交通流量[107]。

表4.5　声学指标与"测点-轨道"相对空间关系的双尾显著性相关性检验(Pearson)

测点-轨道空间关系	项　目	L_{eq}	L_{10}	L_{50}	L_{90}	L_{max}	L_{min}
全部测点	相关系数	−0.469**	−0.490**	−0.319*	−0.225	−0.540**	−0.068
	显著性	0.001	0.001	0.033	0.138	0.000	0.657
轨道之上	相关系数	−0.540*	−0.557*	−0.374	−0.221	−0.669**	−0.161
	显著性	0.014	0.011	0.104	0.349	0.001	0.498
轨道之下	相关系数	−0.221	−0.292	−0.123	−0.031	−0.309	0.166
	显著性	0.289	0.157	0.559	0.884	0.133	0.427
面向轨道	相关系数	−0.246	−0.293	−0.258	−0.233	−0.181	−0.163
	显著性	0.207	0.131	0.186	0.233	0.357	0.408
被轨道穿过	相关系数	−0.537*	−0.592*	−0.319	−0.186	−0.740**	0.139
	显著性	0.026	0.012	0.212	0.474	0.001	0.596

注：* 表示 $p<0.05$，** 表示 $p<0.01$。

　　图4.12以散点图的形式展示了表4.5相关性检验的更多细节以及线性回归特征。对于"轨道之下"或"面向单轨"位置的测试点，任何声学参数与距离均没有显著相关性。显然，在整体声环境中单轨噪声往往更占主导地位，或者换句话说，对"轨道下方"和"被轨道穿过"区域的影响更大，而不是"轨道上方"或"面向轨道"区域。由于场地地形特征差异会导致单轨噪声值不同[98]。如上文所述，面向轨道更可能出现其他噪声源和声音反射，这再次与重庆的山地城市环境特征吻合，即街谷效应。

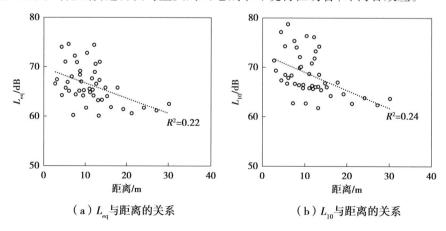

（a）L_{eq} 与距离的关系　　　　　　（b）L_{10} 与距离的关系

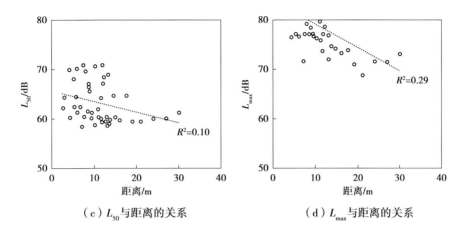

（c）L_{50} 与距离的关系　　　　　　（d）L_{max} 与距离的关系

图 4.12　声学指标与"测点-轨道"相对空间关系的线性回归结果

2）单轨长时段测试及沿线住户声环境

图 4.13 表示在 3 个研究区域中，3 户卧室以 30 min 为单位的 24 h 等效 A 声级声环境测试结果。值得注意的是，由图 4.13（a）可知，在单轨运行时间（06:30—23:00）内，室内噪声值比深夜非运行时间高出 8～13 dB（A）。最吵的时段在 13:30—18:30。尽管夜间相对较安静，但由于单轨的非运营时间维护，3 个区域的夜间噪声峰值均出现在 02:00—04:00，噪声值突然升高近 10 dB（A）。夜间突发噪声会吵醒沿线居民，长此以往会导致睡眠障碍。相关研究证实，相同声压级的噪声在夜间会比昼间产生更高的烦恼度，尤其是对于睡眠障碍人群[108-109]。长时段室内测试的噪声频谱成分仍以低频为主，频率范围在 31.5～100 Hz，如图 4.13（b）所示。

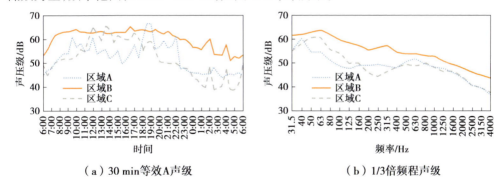

（a）30 min 等效 A 声级　　　　　　（b）1/3 倍频程声级

图 4.13　3 个区域住户卧室 24 h 测试

表 4.6 进一步说明了 24 h 测试的若干声学指标。由表 4.6 可知，3 个测点的 L_{eq} 均超过了昼间 45 dB（A）、夜间 35 dB（A）的声环境标准噪声限值，B 区域房间的室内噪声值最高，为 61.6 dB（A）。3 个房间的中值噪声级（L_{50}）均在 45 dB（A）以上，这意味着至少有一半时间单轨噪声过大，室内声环境不符合标准要求。

表 4.6 3 个区域住户卧室 24 h 测试声学指标

区 域	L_{eq}	L_{max}	L_{min}	L_{90}	L_{50}	L_{10}
区域 A(R_{A24h})	57.3	86.0	29.0	33.6	47.2	60.1
区域 B(R_{B24h})	61.6	86.6	40.7	50.7	58.3	63.5
区域 C(R_{C24h})	56.7	90.8	22.8	38.0	48.3	56.9

4.2.3 山地城市单轨噪声的主观评价与对健康的影响

声学社会调查采用问卷调查和深度访谈的方式完成。所有受访者均从上述 3 个单轨沿线案例区域随机选择。共收集有效问卷 204 份,其中 A 区域 59 份、B 区域 63 份、C 区域 82 份。调查问卷关注受访者对声环境的感受和体验,问卷设计避免了双重提问、否定性提问和引导性提问[45]。

调查问卷涉及受访者的个人基本信息和居住信息,如性别、年龄、楼层、窗户类型、卧室外窗朝向和居住时间等。要求受访者回忆过去几个月里,单轨噪声对他们的健康、日常生活和室内自然通风的影响有多大,评价使用了 5 级量表(完全没有、轻微、中等、比较严重、非常严重)。噪声烦恼度同样采用 5 级量表(从"完全没有"到"非常严重")描述。根据需要改善的环境紧迫性,对居住地点的 5 个环境因素(声环境、空气质量、光环境、热环境和废物污染)排序。多选题包括单轨噪声可能引起的生理或心理不适(听力下降、失眠、头痛、头晕、耳鸣、疲劳、高血压、心悸、疲劳、情绪不稳定、记忆力减退和工作效率下降)与有效噪声控制策略两部分。最后,对部分受访者深入访谈,着重了解单轨噪声对居民日常生活等方面的负面影响。

使用 SPSS 18.0 软件对相关数据进行统计分析。为获取年龄、性别、楼层、窗户类型、卧室窗户朝向和居住时间等人口学参数对居住者声环境感知的影响,采用 kruskal-wallis 方差分析法对上述两组间的差异进行了检验。显著性系数小于 0.05(∗)的被认为是显著的,小于 0.01(∗ ∗)是高度显著的。

1)居民对单轨噪声的评价

表 4.7 显示了本节社会调查单轨沿线受访者的社会/人口因素统计与分类结果。可以看出,受访者主要由 20~40 岁年龄段的居民组成,占 51.5%;各居住时间人群较为均衡;43.6%的受访者居住在 1~3 层;近一半受访者的卧室窗户朝向单轨轨道,另一半背对轨道;有 66.2%的受访者属于噪声敏感人群。尽管居住在如此嘈杂的环境中,81.9%受访者的卧室窗户仍是单层玻璃,这也反映出本次调查中单轨沿线居住区的居民可能收入水平较低。这也与国外研究相似,即城市高噪声区域居住着更多的低收入人群[57]。

表 4.7　受访者社会/人口因素统计与分类

类　别	项　目	百分比/%
年龄/岁	小于 20	13.7
	20~30	28.9
	30~39	22.6
	40~49	14.7
	大于 50	21.1
居住时间/年	小于 1	26.5
	1~3	28.4
	4~6	16.7
	大于 6	28.4
所在楼层/层	1~3	43.6
	4~6	18.1
	大于 7	27.3
卧室外窗朝向	面向轨道	52.9
	背向轨道	47.1
外窗类型(玻璃层数)	单层	81.9
	双层	18.1
噪声敏感	是	66.2
	否	33.8

图 4.14(a)显示了 5 种主要城市噪声源对居民造成的干扰结果。噪声对低收入居民带来烦恼的程度低于普通居民[110],尽管通常他们的居住条件更差。认为单轨噪声导致居民烦恼的人数最多,30.9%的受访者选择"严重"或"非常严重",其次是社会生活噪声(12.7%)。单轨噪声对居民健康、日常生活和家庭自然通风的影响如图 4.14(b)所示。平均而言,分别有 27.0% 和 20.1% 的参与者认为单轨噪声会对他们的日常生活和健康带来"严重"或"非常严重"的负面影响。

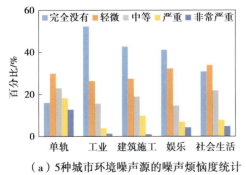

（a）5种城市环境噪声源的噪声烦恼度统计

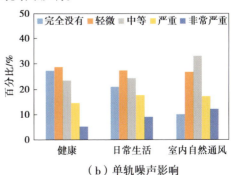

（b）单轨噪声影响

图 4.14　噪声烦恼度和噪声影响描述性统计结果

由于山地城市的特殊气候特征,重庆是中国最热、最潮湿的地区之一,且夏季漫长,炎热潮湿,最高气温超过40 ℃。因此,在重庆,适当的自然通风不仅能改善建筑环境、减少能源消耗,而且对人们的健康也很重要。然而,单轨噪声已成为住户室内自然通风的阻碍。29.4%受访者认为单轨噪声过大会对室内自然通风产生"严重"或"非常严重"的影响。就室内空气质量和建筑能源需求而言,外部噪声是影响自然通风效率的负面因素[111]。声环境与热舒适性之间的矛盾意味着,尽管建筑构件的整体隔声效果不理想,但要减少噪声污染,就必须关闭门窗。

表4.8进一步比较了3个区域的单轨噪声干扰和影响。根据室外测量结果,作为研究区域中噪声最大的区域C,认为噪声烦恼"严重"或"非常严重"的受访者比例也最大(40.2%),他们中的35.3%认为日常生活受到单轨噪声的影响。另一方面,与其他区域相比,单轨噪声对区域B受访者健康(30.2%)和自然通风(47.6%)的影响更大。此外,区域A的受访者认为受噪声干扰和影响最小,这也与现场测量其是最安静区域的结果相符。

表4.8 3个区域单轨噪声烦恼度与噪声影响统计

单位:%

类　别	区　域	描述性评价等级				
		完全没有	轻　微	中　等	严　重	非常严重
单轨噪声烦恼度	区域A	15.3	45.8	28.8	6.8	3.4
	区域B	22.2	23.8	15.9	15.9	22.2
	区域C	12.2	28.0	24.4	28.0	12.2
单轨噪声影响	健康 区域A	30.5	35.6	25.4	6.8	1.7
	健康 区域B	30.2	20.6	19.0	17.5	12.7
	健康 区域C	23.2	30.5	25.6	18.3	2.4
	日常生活 区域A	23.7	33.9	33.9	6.8	1.7
	日常生活 区域B	25.4	25.4	15.9	15.9	17.5
	日常生活 区域C	15.9	24.4	24.4	26.8	8.5
	室内自然通风 区域A	13.6	37.3	27.1	18.6	3.4
	室内自然通风 区域B	3.4	7.9	25.4	31.7	15.9
	室内自然通风 区域C	9.8	20.7	39.0	17.1	13.4

2)单轨噪声对健康的影响

关于单轨噪声引起的生理或心理症状,28.4%的受访者有失眠经历,其次是情绪不稳定(24.0%)和头痛(17.6%),如图4.15所示。与上文所述测得的脉冲噪声峰值一致,很大一部分(63.2%)受访者报告说,他们或他们的家人曾在睡眠中被单轨检修噪声吵醒。

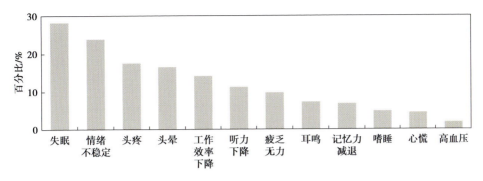

图 4.15　由单轨噪声引起的生理/心理的自我报告症状

图 4.16(a)显示,在 5 类环境因素中,42.2% 的受访者认为声环境是最迫切需要改善的环境因素。与上述噪声烦恼度结果相比较,区域 C 的声环境被选为改善重点的比例最高(71.2%)。然而,与其他两个区域不同的是,在区域 A 中,空气质量是 44.1% 受访者选择的最紧迫需要改善的环境因素。图 4.16(b)显示居民认为最有效的交通噪声控制策略的评价。国外研究表明,组合降噪策略可使城市轨道交通噪声大幅度降低[112]。更换高性能隔声窗(43.1%)、安装高性能声屏障(40.7%)获得了更多居民的认可。然而,考虑到当地居民收入较低和跨座式单轨的结构负荷不足,这两种做法在实际中均具有局限性。

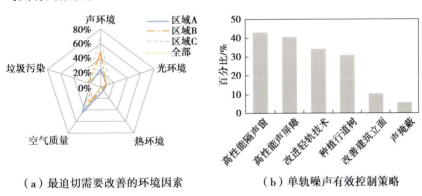

(a)最迫切需要改善的环境因素　　　(b)单轨噪声有效控制策略

图 4.16　受访者统计结果

42.6% 的受访者曾想过搬到生活条件较好的其他地区。根据深度访谈得知,但限于较差的经济条件,这些受访者负担不起搬迁费用,最后放弃了搬迁。由于单轨线路或车站离家太近,很多居民担心噪声以及单轨运营产生的电磁辐射会对他们的健康产生负面影响。一些人还提到,每次单轨列车经过后,他们家里的电视会失去几分钟的信号。尽管如此,只有 24.0% 的受访者有投诉经历。因为受访者大多不确定由哪个部门负责单轨噪声问题,也不知道投诉是否能有效改善声环境。

表 4.9 为受访者的社会/人口因素(噪声敏感、年龄、居住时间、所在楼层、卧室外窗朝向和玻璃层数)与单轨噪声烦恼度和噪声负面影响(健康、日常生活、室内自然通

风)主观评价的差异分析结果,使用非参数检验。可见,噪声敏感性对烦恼度和噪声影响存在显著差异($p<0.01$)。同样,大量前人研究也发现高噪声敏感度是导致高噪声烦恼的主要影响因素[113-115]。具有噪声敏感性的人比不具有噪声敏感性的人更容易产生烦恼,两种人群产生烦恼度的噪声值大约相差 10 dB(A)[46,116]。此外,年龄因素显著影响了烦恼度($p<0.01$)、健康($p<0.05$)和室内自然通风($p<0.05$)。有关研究指出,儿童的噪声敏感平均比成人高 10 dB(A),而老年人对环境噪声的抱怨远远大于年轻人[117]。除噪声敏感性和年龄之外,受访者所在楼层和卧室外窗朝向均在烦恼度方面显示出显著差异(分别为 $p<0.05$ 和 $p<0.01$)。而且卧室外窗朝向还是单轨噪声对日常生活影响出现统计学意义差异的影响因素($p<0.05$)。另一方面,外窗玻璃层数和居住时间没有在烦恼度和噪声影响评价方面表现出显著差异。造成这一结果的原因可能是当地居民更偏爱打开窗户自然通风,而单轨噪声的不良影响不因居住时间而有所区别。

表 4.9　不同社会／人口因素与主观噪声评价

（单轨噪声烦恼度与影响）关系的双尾显著性非参数检验

类　别	单轨噪声烦恼度	单轨噪声影响		
		健　康	日常生活	室内自然通风
年龄	0.001**	0.011*	0.127	0.012*
居住时间	0.196	0.254	0.319	0.176
所在楼层	0.040*	0.085	0.164	0.088
卧室外窗朝向	0.001**	0.213	0.045*	0.181
外窗类型	0.165	0.544	0.405	0.213
噪声敏感	0.001**	0.001**	0.001**	0.001**

注:* 表示 $p<0.05$,** 表示 $p<0.01$。

4.2.4　山地城市单轨噪声改善对策探讨

重庆市计划在 2050 年前共计建成 18 条轨道交通线路,实现单轨与地铁相结合。主城区轨道交通系统总长度和密度分别为 780 km 和 0.69 km/km²,届时轨道交通运力预计将占城市公共交通系统的 60%。然而由于地形复杂,建筑密度大,重庆的建筑往往与周围的山路相当接近,特别是在老城区。因此,修建新的单轨线路最经济的方法是在现有建筑物上采用单轨高架桥的形式,而不是转换成地下线路或使居民和商业迁移。因此,在单轨线路和周围敏感区域之间保持合适的距离相当困难。如图 4.9 区域B 所示,有时单轨线路必须穿过建筑物,甚至在建筑物内设置单轨站,这也是本研究所选居民区噪声值超出国家标准,当地居民对声环境不满意的关键原因。

为了减少单轨的噪声干扰,除了使用低噪声列车、轨道和车轮外,在单轨线路的早期设计阶段,规划者和决策者可采用以下策略:首先,单轨车站及周边建筑物的主体结构应分离,并建议在其之间安装阻尼材料和结构节点,以吸收振动能量,防止共振。其次,优先考虑居民的健康和福祉,应尽可能保证单轨与居民楼或学校等敏感建筑物之间的距离。条件允许的情况下,面向单轨线路的第一排建筑物的功能可以从住宅改为商业。此外,在敏感建筑物的布局设计上,至少保证卧室和其他重要房间不应朝向单轨轨道。更重要的是,规划部门、环保部门、交通主管部门等政府相关部门要积极配合,这是合理规划单轨线路,有效控制轨道噪声的关键。

隔声窗和声屏障也是降低城市交通噪声的常用策略。然而,重庆市单轨沿线低收入居民无法承受昂贵的通风隔声窗成本,建议地方政府对受过度暴露噪声影响的居民进行补偿,并承担必要的室内声学改造费用。此外,尽管跨座式单轨交通系统是山地城市的一个很好的选择,但其结构荷载十分有限,经常无法承受声屏障的重量。因此,在重庆市单轨沿线居民区的站前,几乎看不到声屏障。

另一种有效策略是在单轨两侧进行"绿化",包括植树和地面绿化。重庆的单轨高架桥取代了原来大片的路边绿化带,许多树木被砍伐。良好景观的视觉影响可能会在一定程度上减少噪声烦恼[118-120]。因此,单轨系统的草皮或玻璃轨道可能有助于改善当地居民对其生活环境的感知。

第5章 基于规划干预的山地城市交通噪声改善策略

我国山地、丘陵所占面积较大,山地城市与平原城市相比,山地城市具有其独有的特征。山地城市地形条件复杂,山脉蜿蜒曲折、河谷纵横交错,同时滑坡、泥石流、地质断层等地质灾害点较多,导致其城市建设用地资源稀缺。因此,山地城市具有组团状、带状、放射状等多种城市形态,其路网结构布局随城市布局而变化。受山地城市空间结构影响,其道路通行效率普遍低于平原城市,且更加容易造成交通拥堵。山地城市居民出行特征受用地布局影响,居民出行距离、出行方式、出行次数等不同于一般的平原城市。就出行次数而言,山地城市受经济发展水平的影响,居民出行次数低于同等规模的平原城市。山地城市与平原城市相比,受地形条件限制较大,用地较稀缺,建筑布局也与平原城市不同,主要表现在平面布局自由和街道建筑密集两个方面。同时,因山地城市建设用地有限,街道沿线建筑为创造更高的经济价值,街道周边建筑较为密集,再加上道路较平原城市窄,容易形成峡谷型街道。

根据道路交通噪声污染特征及城市规划构成内容,本章从4个层面提出改善山地城市噪声的策略:山地城市结构规划策略、山地城市道路规划策略、山地城市建设用地规划策略和山地城市建筑布局策略[24]。

5.1 山地城市结构规划策略

5.1.1 山地城市空间结构

城市道路作为城市的骨架,是城市内部之间物质流动的载体,可以引领城市的结构发展。而城市道路交通污染随着道路交通在城市的扩展而蔓延。山地城市的空间结构以多中心、组团式为主。由于地形的限制,山地城市用地往往被山、河、谷分割开来,山地城市建设用地往往比较分散。在空间拓展上,山地城市一般选择地势相对平坦、地质条件较好的地区。因此,山地城市具有组团状、带状、放射状等多种城市形态[121](见图 5.1)。

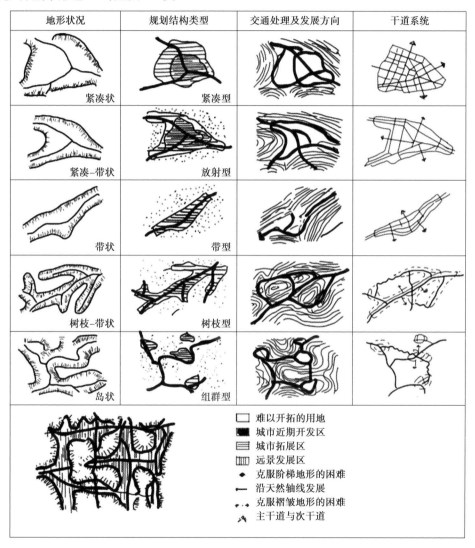

图 5.1 山地条件下城市用地布局及形态特征组合模式

1)块状结构

块状结构是山地城市中人口少、用地少的一种城市形态。该类城市用地布局紧凑,以城市中心为核心,城市建设不受地形影响,资金投入少。在基础设施建设方面,城市基础设施布局更加统一,公共服务设施和基础设施配套成本较低。在居民出行方面,城市道路可达性较高,居民出行距离短,出行时间短,道路交通污染少。块状结构城市具有城市中心向周边地区递减和潮汐交通污染的特点。在空间上,城市中心区的商业和服务设施较为集中,交通流主要集中在中心区;在时间上,全天都有较大的交通流和潮汐交通,交通噪声污染有潮汐现象。

2)带状结构

带状结构是城市平面布局呈现沿狭长地带发展的一种布局模式。受自然地形条件限制,城市建设用地主要沿交通干线或河流、山谷等廊道布置。山地城市带状结构与道路交通噪声污染有着密切的关系。一方面,带状结构的山地城市沿交通主干道两侧垂直发展,水平建设用地与自然环境较为接近,有利于噪声的消散。同时,基础设施和公共服务设施主要分布在主干道两侧,可以防止城市功能和交通流过度集中造成道路交通污染。另一方面,带状城市结构是造成城市道路交通污染严重的主要原因。带状结构城市发展到一定规模后,城市建设用地将沿主干道无限延伸,主干道两侧设置基础设施和公共服务设施,使主干道既承担交通功能,又承担生活功能,交通流量将超过主干道的通行能力,导致交通拥堵,增加机动车的能耗,进而加剧城市道路交通污染。此外,由于该结构的城市土地利用功能较为分散,导致城市轴向交通和潮汐交通明显,进而引起具有轴向潮汐污染特征的道路交通污染。

3)放射状结构

放射状结构的城市一般是从山地城市早期的集中区发展而来。山地城市形成初期,一般选择地势较好的地区,城市规模小,人口少,城市总体集中在街区布局上。随着人口的增加,城市规模不断扩大,受自然地形的限制,城市以老城区中心区为核心,向两个以上平坦地方方向扩展,形成的城市结构呈放射状。放射型城市在道路交通污染方面具有与带状结构城市相同的特点。早期形成的旧城是放射性城市的核心区,城市功能以核心区为中心,沿着城市发展的主轴,城市沿着主干道发展。因此,放射状结构城市也具有径向交通压力大、道路交通污染严重、潮汐污染严重的特点。

4)组团结构

组团结构是山地城市典型的城市结构。组团式结构是城市发展到一定规模后,城市用地因河流、山脉等因素分为若干个区域,每个区域都配备了居住和生活服务设施,并且每个区域之间都有一定的距离,但是可以通过便捷的交通连接,如重庆主城区区域。发展结构与道路交通污染的关系主要体现在两个方面。一方面,以组团为基础的城市换乘中心,可以缓解中心组团的交通和资源压力,降低中心组团的交通吸引力,从而解决交通拥堵,降低交通能耗,能够有效遏制交通拥堵造成的道路交通环境问题。另一方面,随着机动车数量的快速增长,组团城市道路交通污染问题也随之加剧。老城区大都没有将公交和内部交通完全分开,在以往机动化程度较低的情况下,存在的问题并不明显,主要表现为交通秩序混乱。但近年来,机动车数量的增加、机动化水平的提高、旧城与周边联系的不断加强,都会影响旧城与周边群体的联系效率,从而降低城市运行效率,增加能源消耗,对道路交通环境产生不利影响。

　　不同的城市空间形态将形成不同的交通污染特征。城市发展初期,城市空间集中紧凑,规模小,交通污染从城市中心向周边减少;随着城市规模的扩大,城市逐步演变为轴向交通污染明显的带状结构模式;城市交通径向形态具有明显的轴向性,交通噪声污染主要集中在主干道。组团城市的交通流集中在组团内,分散在主干道网络的组团间。因此,集团内交通污染呈现由中心向外围递减的特点,集团内交通污染呈现高峰。

　　由于影响交通污染的因素众多,城市形态与交通污染的相关数据较少。根据土地利用集中度和交通网络类型,将城市形态分为 6 种类型:a.既有聚落布局;b.中央集中布局;c.分区集中布局;d.多组集中布局;e.分区分散布局;f.以群体分布式布局。利用虚拟场景、土地利用模型、交通运输模型、复合模型,对各聚落类型的能耗、邻近度和能耗进行模式分析比较。结果表明,中心集中布置的节能效果最好,多组集中布置具有一定的节能效果。但就中心布局而言,降低交通能耗的成本是集中布局的 2 倍以上。因此,建设集中城市布局在降低交通能耗和费用方面是合理的方案。龙英等[122]人模拟了典型城市结构和交通环境的影响,模拟结果如表 5.1 所示。在同一城市范围内,不同空间布局和密度分布下的交通能耗弹性约为 3 倍,城市形态对交通能耗影响显著;城市紧凑性是影响交通能耗的最大因素,多中心紧凑型城市形态能耗最低,对环境影响最小。

表 5.1　典型城市结构模拟结果表

典型城市形态	总交通距离排序	能源消耗排序	环境影响排序	出行距离排序
单中心分散	3	2	2	3
单中心紧凑	5	5	5	5
单中心 TOD	4	4	4	4
单中心绿篱	2	3	3	2
多中心分散	1	1	1	1
多中心紧凑	6	6	6	6

5.1.2　结构规划干预政策

1)采用适度紧凑型发展结构

山地城市发展布局紧凑。一方面道路资源有限,有利于遏制对汽车的依赖;另一方面城市布局紧凑,人口密度越大,越有利于公共交通的发展。此外,紧凑的布局可以使基础设施和公共服务设施相对集中,减少长途出行,更有利于鼓励步行交通,减少交通噪声污染。相关研究通过对金山湾区居民出行调查发现,当交叉口密度增加25%时,居民选择步行的概率增加了45%,居民选择公交出行的概率增加了62%[123]。Kenworthy 和 Newman 的研究表明,单位能耗越高,单位能耗越经济[124]。美国典型的以汽车为主的城市如休斯顿、费城和丹佛是低密度城市,单位能耗高;而东京和新加坡等城市则是高密度城市,单位能耗低。但是,高密度的城市集中会导致交通拥堵、噪声污染集中、生活舒适度降低等问题,戈登和理查森通过对洛杉矶大都市圈的研究,提出高密度城市虽然可以缩短距离,但公共交通成本低会增加交通需求,最终导致交通量增加,交通噪声污染加剧。因此,紧凑型城市是集权与分权的折中,结合集权与分权的优势,提出了"分散集权"或"集中分权"的城市形态。即通过多中心紧凑型城市发展模式,保持城市良好的居住环境水平,增加经济效益,降低环境压力。

2)采用有序的组团模式

山地城市的生态空间往往比平原城市更脆弱、更敏感,建设条件也大多有限。一方面,城市地形和地质条件对道路选线有很大制约;另一方面,山地城市的自然生态环境和生态构成复杂,生物资源丰富。如果在城市建设过程中忽视环境问题,山地城市的生态环境将受到极大破坏,短期内难以恢复。此外,在空间拓展过程中,山地城市往往面临着山河等自然因素的阻隔,城市发展需要跨越这些阻隔。因此,组团式城市发展布局是避免城市无序蔓延,保护城市周边生态环境的典型模式。

3)多中心组团发展

山地城市由最初的小规模集中式或带状,发展到现在的单中心组团式。随着城市规模的不断扩大,双中心或多中心组团型山地城市的空间布局是特定土地条件和特定发展模式下的必然结果。多中心组团式城市结构被认为是适合山地城市的理想规划结构(见图5.2)。引导城市向多中心群发展,减少道路交通噪声污染,是城市规划防治的重要手段。

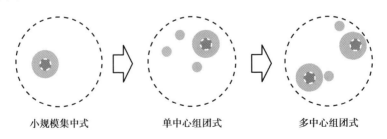

小规模集中式　　　　单中心组团式　　　　多中心组团式

图5.2　山地城市形态结构演化

当山城人口规模超过10万时,应考虑集中与分散相结合的布局结构模式[125]。以重庆市万州区为例,由于人口众多,土地紧缺,万州区已主动疏散人口。万州区城市规划形成"一河四片一主两副"的总体布局结构[122](见图5.3)。依托城市中心区的功能转移,形成以高笋塘为中心的城市经济中心,以江南新区为主体的行政中心,以天城为主体的文化教育中心两大区域中心,以周家坝为主体的高铁城市副中心,以经开区为主体的城市产业副中心和以龙宝集团、百安坝集团为主体的两个副中心。主城区的发展保持了"多中心、组团式"的布局,完善了各组团中心的功能,减少了组团之间的交通流量,有利于城市交通环境的优化。

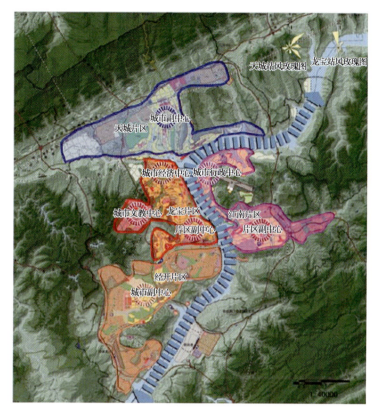

图 5.3　万州区多中心组团结构

5.2　山地城市道路规划策略

5.2.1　山地城市道路交通

　　山地城市由于其复杂的地质结构和地理环境,形成了特殊的城市生态环境,道路交通污染的程度和影响范围有其特殊性。山地城市的道路条件、交通结构与平原城市有很大的差异。道路交通对山地城市道路交通噪声污染有间接影响。山地城市的道路状况和交通结构决定着机动车的数量、类型和速度,也间接影响着机动车的能耗。

因此,本节从道路状况和交通结构两个方面总结了山地城市道路交通噪声污染的交通影响机理[122](见图5.4)。

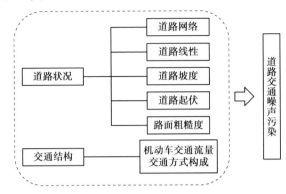

图5.4　道路交通影响因素示意

1)道路状况

山地城市道路交通污染的影响因素包括路网、道路线形等。

(1)道路路网

道路路网对汽车尾气和噪声的影响是一致的。山地城市的路网与城市形态是一致的。道路网包括"一带一路网"、"指路网"和"集团路网"。"一带一路网"主要交通干线沿城市发展主轴平行建设,城市交通集中在平行发展轴方向,形成城市轴向交通。潮汐交通上下班流量明显,城市轴向交通噪声污染严重。

(2)道路线形

道路线形设置对噪声污染有较大影响。山地城市道路的结构特点是以自由路网为主、"长街短巷",平面特点是路幅窄、平曲线多,竖向特点是坡度大、变坡点多、回头曲线多。就噪声污染而言,频繁的加油和刹车会导致沿途噪声增加。根据相关研究[126],在转弯处和半径小于400 m的路段,车辆发动机噪声和路面摩擦噪声均增大。此外,山路由于线形弯曲,容易在拐角处形成盲区或视线干扰,降低驾驶效率,增加汽车汽笛的使用频率,不仅会增加噪声污染,而且还会给驾驶员带来一定的精神负担。

2)交通结构

山地城市道路交通污染的交通结构影响因素包括交通流量及交通方式构成等。由于山地城市地形地貌起伏、沟壑纵横,联系山地城市的道路受到地形坡度、江河山体、冲沟等的影响,其交通环境既有交通流特征的共性,又有典型的山地特点。

(1)交通流量

机动车交通流量是影响道路交通污染总量的主要因素。传统山地城市主要以步行和公共交通为主,道路建设也与其交通方式相匹配。但近年来机动车数量的增长与传统山地城市道路建设相矛盾,以小汽车为主的交通需求快速增长。因此,山地城市的主干道相对较少,而车流量相对较大、高峰时间长。拥堵现象发生得更加频繁,同等规模道路所产生的汽车噪声排放量增加。此外,山地城市道路建设难度高,道路系统中干路多、支路少,这些均导致山地城市主要道路车流量较大。而交通噪声大小及分布与车流量直接相关。车流量的增加对噪声峰值和平均噪声值影响很大,但车流量达到 2 000 pcu/h 以后,噪声平均值基本不再发生变化,此时对环境有较大影响的是噪声峰值,且该值取决于重型车比例,重型车所占比例越大,噪声峰值越高。此外,山地城市多桥梁与隧道,这些路段通常是连接城市节点的重要干道,车流量大、高峰时间长、噪声影响持续时间也很长[127]。

（2）交通方式

山地城市居民出行受用地布局影响,其出行距离、出行方式、出行次数等都异于一般的平原城市。就出行距离而言,山地城市因布局结构较为分散,居民日常出行距离一般较长。就出行方式而言,山地城市居民的出行方式呈现多元化。为克服地形、适应山地技术条件,除了小汽车、出租车、公共交通和轨道交通等平原城市交通出行方式外,山地城市居民还拥有室外扶梯、缆车、过江索道、轮船以及摩托车等交通出行方式。

（3）车速

一般而言,车速对噪声有显著影响。当汽车低速行驶时,汽车噪声源主要为发动机噪声;而当汽车高速行驶时,胎噪与风噪则成为主要噪声源。此外,频繁加速行驶的汽车会比匀速行驶的汽车产生更大的噪声[23],如图 5.5 所示。

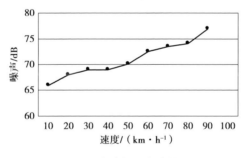

图 5.5　车速与噪声的关系

由于山地城市的区间干道路口少、非机动车干扰小,车辆的平均行驶速度一般会高于同等规模的平原城市。如 2011 年,重庆市城区干线道路上车辆的平均速度为 29.4 km/h,而成都市区干线车辆平均速度仅有 18 km/h,广州城区主干道高峰期平均车速为 17.3 km/h,南京市区早高峰平均车速为 17.6 km/h,晚高峰为 14.2 km/h,因此山地城市区间道路噪声要高于平原城市干线道路。

而山地城市的区内道路通常较为密集,车流量也很大的同时,汽车的平均车速也较低。此时汽车噪声以发动机震动声及汽车喇叭的高频噪声为主,与平原城市没有显著差异。但同等车速情况下,由于山地城市道路坡度大,道路交通噪声一般仍然要高于平原城市[23]。

5.2.2 交通规划干预策略

1)道路交通系统分区设计

道路交通系统不仅具有总体规划特点,而且在不同的城市发展区域和空间条件下也有其自身的特点。应针对不同的区域城市发展特征,进行道路交通系统分区,采取不同的发展模式和相应的管理措施。以下山地城市区域概括为新城区、老城区。

(1)提升新建城区路网密度

对于新建城区,由于建筑密度小,土地分类可调空间大,可适当增加道路配置,同时要让住宅用地远离主干道,保证住宅和医疗用地与道路的距离。此外,还要积极完善公共交通系统和慢行系统。新建道路的选址应考虑城市未来发展的可能性,将道路交通噪声污染的防治纳入城市交通规划。山地城市高密度的发展决定了新区道路系统应采用"高密度、小街区"的模式。该模型可以缩短道路交叉口之间的距离,提高道路的可达性。同时,大量的道路交叉口将相对抑制汽车的行驶,增加短距离内步行出行的可达性,增加慢行比例,减少机动车对道路交通噪声的污染。因此,要求山城新区在整治阶段提出明确的交通组织思路,指导路网建设,与区域功能布局、土地利用性质形成良好互动,同时根据新区路网的承载能力对土地开发力度提出意见。

(2)优化老城区道路网络

山城老城区的路网和建筑肌理已基本形成,难以改变,老城区的路网只能在原有的基础上进行优化。老城中心区路网优化的目的是减少交通流过度集中造成的道路交通噪声污染,实现交通流的均衡分布。主要目的是将核心区的交通引导到核心区外围,确保核心区主要承担购物、商业等向心交通[122](见图5.6)。

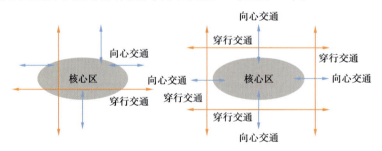

图5.6 老城中心区核心区交通优化

以防治道路交通噪声污染为目标的旧城商业核心区路网组织,可以采取以下两个方面的措施:一是通过旧城区提升以商业核心区为主体的周边道路等级,吸引过境交通,实现商业核心区外围分流,提高道路机动车辆通行能力;二是通过限制商业核心区内部道路速度、设置道路减速器、办理交叉口等措施,减少核心区内的交通流量。同时,完善老城区绿色交通体系,提供舒适的绿色交通出行环境。降低私家车的相对吸引力,以减少噪声污染。同时,通过各种交通管理措施维护、减少私家车的使用,限制该地区机动车的通行。减少交通拥挤造成的噪声污染。

2)提高绿色交通出行比例

减少汽车交通需求,提高绿色交通比例,是减少道路交通污染的有效措施。传统的"以车为本"的规划理念导致城市道路和停车设施不断扩建,以满足日益增长的汽车交通需求。然而,这些措施却使城市交通陷入了"越扩越堵"的噪声污染恶性循环。近年来,以"公交步行"为代表的绿色交通越来越受到人们的重视。

(1)构建库区高效公交系统

规划要在各级交通方式的选择上增强绿色交通的竞争力,帮助城市逐步摆脱对汽车交通的依赖。例如划定城市交通和安宁区,主要布局住宅、医院、学校等功能建筑,探索安宁区共享自行车、汽车,改善公共交通权利,优化步行设施的绿色交通一体化运行模式,使绿色交通出行模式成为安宁区主要的交通方式,使城市向步行化、人性化、生态化方向发展。安宁区外可建设立体化、规模化的过境交通设施,但需与安宁区保持一定距离。

此外,高效的公共交通系统与高密度的开发建设是相互依存的。与汽车交通相比,公共交通失去了一些便利。但当区域内交通流量较大,拥堵现象达到一定程度时,地铁、快速公交等公共交通作为一种安全、准时、低污染的交通形式,比汽车交通更具竞争力。同时,对于地铁、轻轨等投入了大量资金的大型交通基础设施,如果没有一定的人流支撑,无法有效运营,造成资源浪费和损失。

(2)强化立体步行交通体系

加强立体步行系统建设,可以在一定程度上优化山城居民的步行体验,提高步行出行比例,同时可以减少人车混合交通造成的交通拥堵,减少道路交通噪声污染(见图5.7)。在城市商业中心等人流较大的区域,建设立体步行系统,通过人行天桥或地下步行空间,可以使居民在不同的建筑物内移动,而不必经过行车道[128]。完善的三维轨道系统可以解决山地城市人车混合步行问题,将各功能建筑连接成一个整体,既能保证交通安全,又能方便居民出行。此外,中心区立体步行系统与山城原有步行道路有机结合,形成完整的城市步行系统,同时增加小广场、绿地等步行公共空间,提高步行环境质量,这有利于减少汽车在短途出行中的使用。

地下步行系统与地面机动车流分离,在地下通道内行走的人员不受机动车的干扰,使车辆在道路上平稳、快速行驶,减少车辆造成的噪声污染,实现山地城市道路交通噪声污染的防治。

3)结合山地地形的道路设计

道路系统设计是城市规划领域的重要内容。道路系统规划应尽可能满足各种交通需求,道路拓宽改造汽车出行方式,又会增加交通噪声污染[129]。此外,山地城市老城区密集,道路拓宽需要大规模拆迁,投资大。拓宽道路的方法既不能解决交通拥挤的问题,又会带来交通噪声污染。

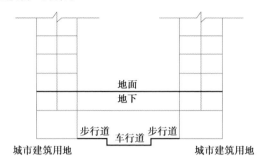

图 5.7　立体步行分析图

山地城市中的老城区多为单侧坡施工,主要道路沿等高线布置,弯道数量多,坡度大,非线性系数大。由此可见,山城的道路设计要更加细致,在道路线形、竖向设计上,街道两侧的建筑布局,不仅要满足山城的地形要求,还要注意与周边环境的相互作用。

道路走向应结合库区地形,根据道路等级和功能确定。根据山路设计原则,宜减缓道路坡度,增加支线密度,减少拥堵。在局部地形有限的地区,可根据高架道路等具体情况,提高路网容量。但对于快速路、交通性主干道等城市道路,应特别注意交通污染的防治,特别是噪声污染,山地城市主要道路周围噪声污染通常比较严重。在规划层面,对于大流量道路,在建设初期首先要保留足够的缓冲用地,尽量避免建设医院、学校、居民点等功能用地。其次,对于过去交通噪声污染严重的地区,应逐步置换土地利用功能,或对周边土地采取相应的保护措施。最后,对于陡坡路段,避免修建过多的汽车站、十字路口等交通设施,尽量减少跨境交通流量。

5.3　山地城市建设用地规划策略

5.3.1　山地城市土地使用

土地利用对山地城市道路交通噪声污染的影响包括用地功能、用地强度以及用地混合度。具体影响如下:

1)用地功能

山地城市土地利用功能对道路交通污染的影响是间接的,是通过改变交通的产生方式,进而影响交通的能耗来实现的。土地利用功能与交通系统之间存在着"源"与"流"的关系,不同功能属性的土地利用所产生的交通流不同。同时,不同的土地利用功能形成的单中心和多中心交通模式也会产生不同的交通流特征。

受其复杂的地形和周边景观环境的影响,山地城市往往无法实现"摊蛋糕"式的城市蔓延。除了少数规模较小或较为完整的山地城市建设用地采用集中紧凑结构外,多数山地城市如重庆、宜宾等,采取了集团化发展的模式。城市建设用地被山水系统自然分割,形成相对独立、相互联系的不同功能城市群。

当山地城市不同功能的城市群相互分离时,功能区处于相对静止的状态,通过交通流实现不同功能区内动态转换。就商业服务设施用地而言,山地城市一般商业用地、娱乐设施用地、公共服务设施用地集中。中心区为就业中心,居住大区分布在城市中心区外,时间上容易形成通勤交通,空间上的交通流呈放射状。而城市道路交通噪声污染在时间上具有潮汐现象,空间上具有辐射污染特征。

2) 用地强度

山地城市的土地开发受到经济成本的限制,在城市建设中必须首先考虑项目的可行性。在这样的前提下,如何在有限的土地上发挥最大的经济效益,成为山地城市建设中十分关注的问题。因此,在不考虑使用功能的前提下,加大城市土地开发强度,使建筑物尽可能高效地开发,成为山地城市提高自身土地利用效益的必然选择。

土地利用强度决定了居民出行距离和出行方式的选择,从而影响交通能耗[122](见图 5.8)。总体来看,我国大部分山地城市呈现出空间规模不断扩大、建设开发强度不断提高的特点,体现了人口密度高、建设开发强度大的特点。同时,由于土地资源的稀缺性和新城开发难度大,山地城市特别是老城区的人口集聚效应比平原城市更为明显,城市密度构成往往呈现明显的空间分异特征。离市中心越近,人口密度和建筑密度越高。在一定范围内,土地利用强度与道路交通污染呈负相关。因此,与平原城市相比,山地城市土地利用强度越高,人口密度越大,居民人均机动车行驶里程越短,交通方式选择以步行和公共交通为主,道路交通污染越少。

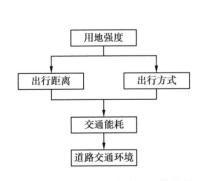

图 5.8　用地强度与道路交通环境的关系　　图 5.9　人口密度与出行距离关系

人口密度影响居民出行距离。单位土地面积人口密度越大,土地利用间接强度越高。高土地利用强度的山地城市,基础设施和公共服务设施相对集中,人们在旅游购物、工作、娱乐、学习等方面可以在一定距离内完成。一般来说,高土地利用强度可以缩短居民的出行距离。为了研究人口密度与出行距离的关系,周素红、杨利军对世界

92个城市的数据进行了整理,发现人口密度越高,人均机动车行驶里程越低[130]（见图5.9）。

此外,人口密度也影响居民对交通方式的选择。首先,城市人口密度越高,越有利于公共交通的发展。普什卡列夫研究认为,当城市住宅用地为60亩(1亩≈666.67 m²)时,公共交通出行比例将达到一半,当城市住宅用地小于7亩时,就不可能发展公共交通[132];其次,在道路资源有限的情况下,高密度城市的居民将更愿意选择公共交通出行。为了研究人口密度与交通方式选择的关系,姚永胜等[131]发现,人口密度越高,城市选择步行、自行车和公共交通的比例越高,选择汽车的比例越低,更有利于道路交通噪声污染的防治(见图5.10)。

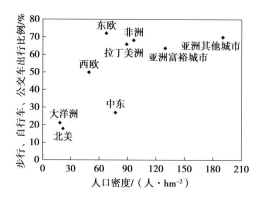

图5.10 世界各地区人口密度与交通方式选择关系

3）用地混合

不同功能用地之间的混合程度影响着居民出行方式的产生、分布和选择,从而通过影响交通能耗来实现对道路交通环境的影响。土地混用与道路交通污染呈负相关。土地混合程度越高,交通污染越小。

山地城市土地利用的混合程度与交通噪声密切相关。混合度高的区域可以使各功能相对集中,缩短各功能之间的距离,有利于"工作居住"与"商住"的平衡,减少居民上下班交通产生的能耗。同时,不同的土地混合程度对出行方式的选择有不同的影响[122]（见图5.11）。机动车需求增加,交通能耗增加,道路交通污染增加;相比之下,在步行范围内可以满足交通需求,机动车需求减少,交通能耗降低,城市道路交通污染减少。国内外许多学者通过研究车辆行驶里程与土地利用混合的关系,对土地利用混合与交通出行进行了研究,如Cervero和Duncan。以旧金山市为例,研究表明,土地分组混合程度越高,越能实现工作住房均衡,降低居民机动车交通出行比例,交通污染浓度也降低[133]。

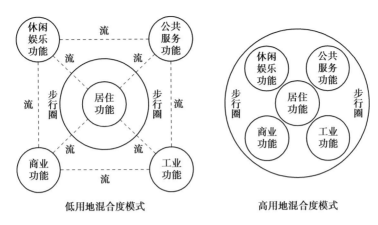

图5.11 不同用地混合度与交通需求的关系

5.3.2 土地规划干预策略

1）适度集约的土地使用

在高密度山地城市的规划建设中，一方面要注意城市建设用地适度集中，以适应城市经济规模发展的要求；另一方面要避免土地利用过度集中造成的城市问题，注重城市土地利用与人口总量的综合协调控制，充分挖掘现有土地潜力，实现人口、土地利用与环境的协调发展。比如三峡库区城市容积率基本达到高密度城市标准，但从总体建设情况看，其土地开发强度仍有很大提高空间。目前，巫山县的毛容积率仅为1.44，仅占香港岛总容积率（5.68）的1/4，似乎不符合"高密度"的印象。原因是巫山县城的高密度建设几乎全部集中在高塘组，部分高层住宅区容积率可达5~7，而江东组、枣阳组、龙井组的建筑密度相对不高，降低了巫山县城的总体建设密度。

山地城市的高密度发展不仅满足了山地城市建设用地资源稀缺背景下提高土地利用价值的要求，而且还促进了公共交通的发展，从而减少了汽车的使用，减少了道路交通噪声污染。因此，在城市可持续发展，避免生态环境破坏的前提下，应尽可能提高建设用地的开发强度。一方面，要加大山地城市新城区、新组团的土地开发强度和建筑密度，使新城区、组团和老城区适应高密度建设；另一方面，建设开发用地要优先安排以高密度建设为重要节点，提高城市用地的经济效益。通过建设高密度城市，优化公共交通网络，从而达到防治道路交通噪声污染的目的。

2）以平衡为导向的土地混合使用

（1）以组团"职—住"平衡为主导的用地功能混合

以商业、办公、休闲、公共服务等日常需求设施的混合分布，可以有效降低购物、娱乐、学校活动等的交通成本。这种规划模式可以缩短出行距离，减少长途交通的产生，增加步行和公共交通的频率,提高公交出行率,减少汽车的使用和停车需求。土地利用的混合功能可以在一定程度上实现工作与居住的平衡,有效减少长途通勤交通,同时可以平衡跨区域交通高峰期的双向交通流,有利于交通设施的布局和公交运营组织的安排。总的来说,较高的土地混合度可以有效降低山地城市交通资源的消耗,从而减少噪声污染的产生,有利于改善山地城市道路交通环境污染。山地城市地形地貌复杂,应根据土地利用条件,因地制宜,多种形式混合,由于施工条件的不同,集团内的用地布局大致可分为:平行式、圆形、串珠状和同心圆辐射式等用地布局形式[126](见图5.12)。完善集团内部的商务、医疗、教育等配套设施,推动集团内部以"职—住"平衡为主导功能组合,确保居民日常活动尽可能在集团内部完成,减少集团之间的交通需求,减少机动车噪声污染。

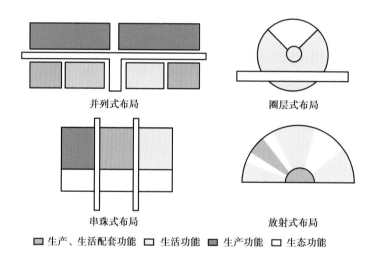

并列式布局 圈层式布局

串珠式布局 放射式布局

■ 生产、生活配套功能　□ 生活功能　■ 生产功能　□ 生态功能

图 5.12　组团内用地功能布局

(2)以社区"商—住"平衡为主导的土地混合布局

微观上,为降低居民出行和交通能耗,根据山地城市高密度的特点,发展沿街底层商业,促进以"商业生活"为主的社区功能垂直融合。同时,结合公交车站和步行系统建设,加强社区核心建设,促进零售、餐饮、娱乐等生活服务设施相对集中在适宜步行的范围内,避免服务设施的无序分布,使居民通过步行满足日常生活产生的交通需求,从而减少机动车的交通流量,减少机动车污染。

5.4　山地城市建筑布局策略

5.4.1　山地城市建筑布局

与平原城市相比,山地城市受地形条件限制,土地稀缺,建筑布局与平原城市不同,主要表现在布局自由、街道建筑密集以及山地住宅布局 3 个方面。山地城市的建筑布局因地制宜,在满足建筑内部功能的前提下,根据地形和道路走向自由布局,形式丰富多样。建筑出入口根据地形变化灵活设置,平台、楼梯与室外空间连接。同时,因山城建设用地有限,沿街建筑为了创造更高的经济价值,布局较密集,道路较平原城市狭窄,容易形成峡谷式街道。

1)街道周边建筑自由布局,街道宽窄多变

山城步行楼梯主要穿插在城市建筑之间,城市建筑布局灵活,楼梯的宽度和高度变化比较明显,不同宽度形成的空间感知也不同。由于山地条件的影响,山地城市街道的空间尺度小于平原城市。街道宽度根据城市用地条件和两侧建筑密集布局而变化,形成了宽阔多样的城市步行空间。山地城市的小型道路较多,步行楼梯空间较小,可供居民使用。

2)街道周边建筑密集

在同一尺度下,山城主要道路的车道宽度大多低于平原城市,道路多为双车道,宽度一般在 9~24 m,且道路周围的建筑物一般都在 6 层以上,加上受土地空间的限制,采用"利用全部可利用空间"的街道建筑物布局,造成道路与沿街建筑物紧密相连。除道路交叉口外,沿街道路基本上都是建筑物。例如重庆市忠县国屏集团 8 层以上建筑占总建筑数的 46.2%,集中在老城区及半城区河道附近,主要分布在国屏环路、八王路和红星路沿线,且大部分道路沿线缺乏空地,均被建筑物覆盖,形成峡谷街道。

3)山地住宅布局形式

山地城市人口稠密,土地利用紧张,因此聚落建设以高层住宅为主。而居住区是城市功能的主要组成部分,交通噪声的影响不容忽视。山地居住组团布局有多种形式,每种形式都适合一定的地形条件,常见的布局方法有以下 3 种。

(1)行列式布置

行列式布置在山地住宅中应用较多,一般是建筑物与等高线平行,其优点是坡向单一,坡度均匀,建筑物采用行列式布置方式便于与地形结合。如果场地的坡度方向与住宅方向和常年主导风向基本一致,则建筑物容易获得良好的朝向和通风采光环境,且决定性的布局、道路系统、管道、排水系统相对容易组织,造价也较低。在行列式设计中,可以逐步提高坡度,设计叠加组高程,便于与自然地形相协调。其缺点是难以适应复杂地形的坡形变化。当居住面积较大时,建筑群的外观单调朴素。

（2）斜列式布置

斜列式布置适用于单向均匀坡度,优点是与地形结合较好,房屋布置较灵活,日照通风较行列式有利,群体形象较生动,但不适用于复杂地形起伏。斜列式布置有两种常见情况:一是建筑物与等高线相等,道路与等高线倾斜;二是建筑物与等高线倾斜,道路与等高线相等,住宅一般错开布置,能适应较大的坡度。

（3）混合式布置

混合式布置一般是根据山地地形、风向、日照等自然条件,组合上述两种建筑布局形式,形成因地制宜的住宅区布局。

5.4.2　建筑布局干预策略

1）街道周边建筑采取"下降型"布局

由于山地城市可供建设用地少,层高往往较高,街道宽度较窄,从而导致高宽比较大,不仅造成心理压力感,而且在道路两侧形成障碍物,阻碍噪声污染的消散。

对于峡谷街道,相关研究表明,不同形式的街道对交通噪声持续时间有影响,其中下降街道的交通噪声持续时间最短。对于山地城市在建设用地较少、层高和街道宽度较窄的情况下,通过街道周边建筑物的布置,沿盛行风向向下修建下行街道式,有利于交通噪声的消散。

2）构建通风廊道,促进建筑立面绿化

山地城市的城市建筑密度高,缺少足够的开敞空间和通风廊道,容易造成城市热岛效应、道路交通噪声污染等问题。因此,通过城市建筑的灵活布局,结合公共空间构建通风廊道以及建筑立面绿化等手段加快道路交通噪声污染的消散速度,实现道路交通噪声污染防控。

城市街道和建筑的布局应适应城市气候和盛行风向的规律,同时在城市建设用地规划范围内将不可建设的山体、沟谷以及其他空间,打造成居民公园绿地。一定规模的绿地所形成的植物群落,可有效地降低机动车噪声污染。在通过连续通廊与城区中的绿地和节点形成通风廊道,缓解热岛效应的同时,也可加快机动车噪声的消散速度。同时,对居住区采取噪声隔离措施,如设置屏障和隔墙等,可以减少高密度环境下的噪声污染。

建筑是城市的基础单元,而绿化植物能起到阻挡噪声、净化空气的作用。在高密度山地城市中对建筑进行立面绿化处理,不仅能提升城市的绿化率,美化环境,提升居民出行体验,同时还可以缓解城市热岛效应,有效地防控道路交通噪声污染。

3）住宅区采取"混合式"布局

就本文上述提及的几种山地城市布局形式,吴硕贤等人通过对受交通噪声污染的外墙总长度的比较,推测出行列式布局以"垂直+围合式"最为有利,与道路平行次之,与道路垂直最差[134]。周兆驹等人曾对高速公路交通噪声特性及临路村庄规划布局进行研究,得出相似的结论[135];项端祈等人通过对住宅布局小区不同形式的现场和缩尺模型试验,提出合理配置形式和评价方法[136];毛东兴等人研究了声波绕射对居住区交通噪声的影响,指出道路一侧应尽量采用平行布置,即使第一排是垂直的,第二排也应改为平行,且开口应尽量错开[137]。国外研究成果与国内比较接近,Q-city 研究组总结了欧洲建筑布局模式[138],大致可划分成平行式、混合式、垂直式 3 类,见表5.2,垂直式效果最差。

除了传统的平行式、混合式、板式 3 种以平行于道路为基础,由东向西在 15° 范围内微调的降噪布局外,还可以明显改善居住区的声环境,兼顾日照和容积率的要求。根据山城道路走向等要求,选择合适的建筑布局,并以山城设计为指导。板式建筑的降噪效果较好,但由于山地地形的限制,一般较少采用板式建筑,宜采用混合式布局来降低噪声。

表 5.2　不同建筑布局降噪效果

布局形式	方　　法	图　　例	降噪效果
平行式	建筑体块作为声屏障,连续的,足够长（100~1 000 m）,紧靠道路		
	建筑体块长边沿道路,紧靠道路		
混合式	建筑体块靠近道路,Z 字形入口		
	建筑体块靠近道路,沿法线做入口		
垂直式	建筑体块短边面向道路(不推荐)		

第6章　基于城市绿化的山地城市声环境改善策略

树木、草地等城市绿化手段可降低山地城市噪声水平,改善城市声环境。这是因为当声波经过植被传播时,部分声能被植被和土壤吸收,部分声能被叶片和地面反射[11]。因此,本章首先阐述了城市绿化降噪原理,并在此基础上,分别提出了基于绿色声屏障、树木和灌木丛、屋顶和墙体绿化及地面绿化的山地城市声环境改善策略。

6.1　城市绿化降噪原则

基于城市绿化的山地城市声环境干预策略主要包括以下4个方面:阻断声音的传播路径以控制噪声,如设立绿色声屏障,种植树木或灌木等;通过地面处理降低噪声,如采用草地、土壤等柔性地面;改善建筑围护结构的吸声性能,如采用绿色屋顶或绿色墙体等;通过视听交互作用来降低人们对噪声的主观烦恼程度,如营造良好的视觉景观等。

6.1.1　阻断传播路径

从噪声传播路径的角度出发,可通过设置绿色声屏障,或种植林带或灌木丛的方法阻断噪声在城市中的传播途径。

1)绿色声屏障

在声源附近安装声屏障或其他设备元件来阻挡噪声是最直接、有效的噪声控制方法之一。噪声在传播途径中遇到障碍物,若障碍物的尺寸远大于声波波长时,大部分声能被反射和吸收,一部分绕过障碍物传播,于是在障碍物背后一定距离内形成"声影区",声影区的大小与声音的频率和屏障高度等有关,频率越高,声影区的范围越大。制作声屏障的材料种类多样,传统声屏障由木材、金属或混凝土制成。由土壤、植被等天然材料制成的新型声屏障,不仅降噪效果好,而且造价低,外形简洁美观。绿色声屏障泛指由土壤和植被制成或由传统声屏障与植被复合制成的新型声屏障,它的吸声性能与植被的类型、叶片角度、叶片数量以及单位体积的叶片总面积密切相关。叶片的表面积越大,绿色声屏障的吸声性能越显著[4]。

低矮绿色声屏障(见图 6.1)是指宽度和高度不超过 1 m 的小型绿色声屏障,用来降低汽车或电车行驶中所产生的交通噪声。位于声源附近的低矮绿色声屏障可应用在人口稠密的城市地区,使城市轨道交通或铁路沿线附近的行人、在人行道和公园长凳上休息的人们、交通道路附近的居民,免受噪声干扰。城市公路桥下方的行人和路人容易受到桥上交通噪声的影响,在桥上设置低矮绿色声屏障,可在不阻碍驾驶员视野的前提下,改善城市公路桥沿线的声环境质量,也从另一方面鼓励了步行、骑行等绿色低碳的健康出行方式(见图 6.2)。顶部绿化声屏障是在传统声屏障顶部种植植被,增加噪声在传播过程中的衰减。对于距离声屏障后方 1 m 的行人或骑自行车的人来说,在声屏障顶部种植 1 m 宽的植被,可将噪声再降低 8~12 dB(A)[4]。修建土堤也是阻断噪声传播的一种有效措施,与声屏障相比,虽然土堤占地面积较大,但它不仅保持了空间视野的开阔,还可以通过在护堤上种植植被的方法,增加其视觉吸引力和吸声效果。土堤的另一个优点是维护成本低,使用寿命长,且几乎没有被乱涂乱画等问题。此外,通过回收利用施工废料(土或石头等)来建造土堤,不仅可以吸声降噪,还具有绿色环保的特点。

图 6.1　低矮绿色声屏障

图 6.2　公路桥上的低矮绿色声屏障

2)树木与灌木

声波在穿过植被(多排树木、灌木丛等)传播的过程中,会与植被之间形成相互作用,这种相互作用包括直接作用和间接作用。其中直接作用包括声波在植被上的反射、衍射、散射,以及植物茎、枝、叶的吸收作用(见图 6.3)。一方面,声音穿过植被传播时,会由于反射、衍射或散射被吸收或改变传播方向;另一方面,声音会由于叶片的振动而引起噪声的衰减。叶片单位面积密度越大,噪声衰减量越大[4]。声波与植被间的间接作用指植被下的基质层土壤对噪声的吸收作用以及冠层或树冠造成的微气候变化所引起的噪声衰减作用。

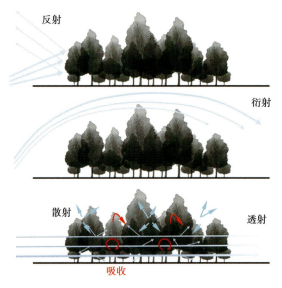

反射

衍射

散射

透射

吸收

图 6.3　声波和植被间的直接相互作用示意图

　　城市道路两侧的高楼会使得交通噪声在建筑立面之间形成多次反射,大大增加了街道的噪声水平。在道路两边种植树木会使声波经树枝、叶片多次散射,增加声波在树冠内的传播距离,从而吸收更多的声能。同时,一部分的声能也会因散射作用改变传播方向,从而降低街道的噪声水平。仅在道路旁的开敞空地种植单排行道树,无法对交通噪声起到显著的衰减作用,但种植多排行道树可有效地降低交通噪声。其中,植被带的树干、植被、土壤、地表生物均有助于噪声的衰减。其衰减噪声的能力与植被带的长度和深度、种植方案、树木间距、树干直径、地表生物密度有关。因此,在城市设计中,合理地规划和种植树木或灌木可有效地减少道路交通噪声。

6.1.2　地面处理

　　在城市环境中,可通过地面处理,利用地面效应(即地面反射声波的建设性干涉与破坏性干涉)来降低接收点的噪声水平。地面处理的做法包括更改地面材质或地面覆盖物(例如种植具有良好声学性能的植被)。这是因为刚性地面(例如无孔的混凝土或沥青)上声波的破坏性干涉通常发生在高频区间,因而无法有效地降低整体噪声水平。相反,在诸如草地之类的柔性地面上,破坏性干涉造成的声音衰减通常超过仅增加距离和空气吸声所带来的声音衰减。地被植物的类型会影响地面效应的强弱,植被层的流阻率越低,其降噪效果越好。研究表明,在距离公路或铁路 5 m 处铺设

45 m宽的柔性路面时,交通噪声的衰减量会比铺设刚性路面时增加 5~9 dB[4]。

6.1.3　建筑围护结构

狭窄街道、庭院、城市广场等的噪声级会因交通噪声在建筑立面之间的多次反射而升高。除在道路两旁种植树木外,也可通过在建筑物的屋顶或墙面上种植植被(即绿色屋顶和绿色墙体)来衰减噪声(见图 6.4)。这是因为,绿色屋顶或绿色墙体的植被和土壤层增加了建筑外表面的吸声性能,减少了噪声在建筑立面间的多重反射。同时,绿色屋顶和绿色屋顶的植被会更改声音传播的方向,降低噪声。此外,建筑外表面的种植系统对噪声的吸收和扩散作用也会减少声音在室外硬质地面传播所产生的不利反射。

图 6.4　绿化屋面和绿化墙体

6.1.4　心理及视听交互作用

基于城市绿化的山地城市声环境改善,不仅可降低交通噪声对周边环境声环境的影响,还会给人的身心健康和视听感受带来积极影响。交通噪声的衰减可降低接收者所听到的噪声水平,使其烦恼度降低,从而减少对睡眠、休息和谈话等活动的干扰。同时,可使人们更加关注曾经被噪声所掩蔽的声音(例如鸟鸣声或流水声),进而间接影响声环境。除听觉效应外,噪声衰减还可改善人对环境的视觉感知。例如,绿化声屏障的运用可以减少视野范围内产生噪声的车辆,增加视野内的绿化植被,使人心情愉悦。

为了研究绿色声屏障的声学及主观感知效果,研究人员通过实地问卷调查辅以实验室听力实验,评估测试者分别在有无声屏障时,对交通噪声的主观感受,并通过客观测试的方法得到了有无声屏障时的噪声水平[4](见图 6.5)。研究表明,绿色声屏障不仅使声屏障后测点处的声压级降低了 4 dB,同时使感觉烦恼的受访者比例由 59% 下降到 46%[4]。

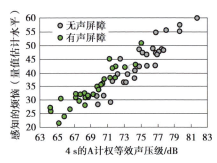

（a）客观噪声水平测试　（b）实验室听力实验　（c）烦恼感知水平与噪声水平的关系

图 6.5　绿色声屏障的声学及主观感知效果[4]

国外学者在研究时发现,在电车轨道附近,地面材质的不同(草地、沥青地面)并不会显著影响人们对声环境的主观感受。但是,当距离电车轨道较远时,松软的草地会显著降低测试者对声环境的烦躁度[4]（见图 6.6）。

（a）沥青地面　　　　（b）草地　　　　（c）烦恼感知水平与噪声水平的关系

图 6.6　不同材质地面的声学及主观感知效果[4]

对于城市公园、室外游乐场等休闲场所,营造舒适优美的环境非常重要。人们对环境的感知不仅仅受人们所处的听觉环境或视觉环境等某一独立的因素所影响,也会受到视听交互作用的影响。安静的声环境与引入植被的视觉景观相结合将使人们感受到高度的宁静感。研究表明,与没有绿化的街道相比,种植绿化的城市街道更具视觉吸引力,会让人感到更加舒适、安静[4]（见图 6.7）。

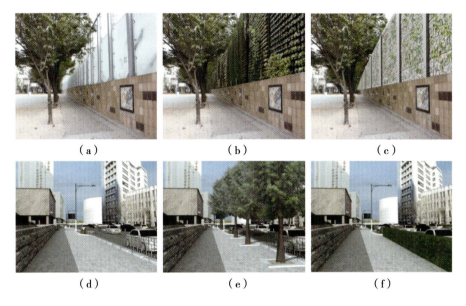

（a）　　　　　　　　　　（b）　　　　　　　　　　（c）

（d）　　　　　　　　　　（e）　　　　　　　　　　（f）

图 6.7　视听交互实验中的城市街道环境[4]

6.2　绿色声屏障降噪策略

6.2.1　设计策略

　　山地城市地形复杂,需根据山地城市道路上下坡、平坡、桥梁等路段交通噪声的不同频率特点,更具针对性地合理选择隔声材料,从而进行优化设计。此外,由于山地城市地形起伏,相较于平原城市的道路交通噪声(线源噪声)而言,面源噪声的作用更大,因此应科学设置隔声屏,依据山地城市道路线形、坡度、宽度,通过科学计算、模拟等方式确定声屏障的设置范围、高度与形式[23]。

　　在非混响环境中,绿色声屏障(见图 6.8)应尽量靠近声源设置,以更有效地屏蔽轮胎噪声和发动机噪声。当道路沿线有自行车道,或广场、城市公园等公共休闲场所时,建议在其与道路之间增设低矮的吸声绿色声屏障,形成噪声屏蔽区。类似地,当宽阔的街道(如林荫大道和大马路)两侧有人行道、自行车道、购物中心入口、户外咖啡馆等时,也可在其与道路间设置绿色声屏障,以改善其环境质量。

　　山地城市地形环境复杂,可使用的土地面积有限,高层建筑居多,街道狭窄,不利噪声散射,噪声的反射和混响容易形成噪声峡谷,因此出现街道峡谷现象较平原城市更为显著,且对临街建筑影响更大。在街道峡谷等混响环境中,噪声的衰减主要源于声屏障吸声作用的叠加。因此,绿色声屏障土壤种类的选择将大大影响声屏障的吸声效果。土壤的吸声性能越好,绿色声屏障的吸声效果越好。

（a）　　　　　　　　　　　　　　　（b）

图6.8　绿色声屏障

　　山地城市受地形条件限制,道路弯道多、起伏大,且坡陡、路窄,加上错综复杂的道路路网,高架桥、隧道等在其间交错穿梭,形成了独特的立体交通的布局,对交通环境有重要影响。在诸多公路桥边缘增加低矮绿色声屏障,可降低道路和城市轨道交通等基础设施产生的噪声,改善公路桥下方的声环境。特别是当公路桥下设置人行道和单车道路时更应考虑上述措施。同时,低矮的绿色声屏障(1 m高)并不会阻挡桥上城市轨道交通乘客的视线。

　　在传统刚性声屏障上覆盖植物和土壤,可获得与覆盖传统吸声材料类似的声学效果。同时,植被的存在可在视觉上营造令人愉悦的氛围,且有助于减少空气污染。因此,当对视觉环境有一定的舒适与美观需求时,或对空气环境有一定要求的情况下,建议在传统声屏障的基础上覆盖土壤或种植植被,以改造成顶部绿化声屏障[11]。

　　当声音接收者的位置越低,离声屏障越近时,顶部绿化声屏障的降噪效果就越明显。因此,这样的处理方案在实际应用中应注意以下几点:

　　①顶部绿化声屏障应尽量靠近人行道和自行车道设置,以便形成足够大的声影区;

　　②小型娱乐区域、花园或建筑入口处距声屏障不应超过20 m;

　　③当声屏障顶部的植被呈半圆柱形时,宜将植被固定在声屏障的声音接收侧,以获得更好的降噪效果。

6.2.2　绿色声屏障降噪案例

　　为了推广绿色环保的通行方式(例如骑车、步行等),提高滨河公园和广场的活力,保护自然环境,在一座6 m高的4车道公路桥两侧安装了低矮的绿色声屏障,以营造安静的桥下空间。所安装的绿色声屏障是在传统的1 m高的刚性声屏障外包裹一层40 cm厚的植被层[11]。

为研究绿色声屏障的降噪效果,将 1.5 m 高的接收点设置在桥下。桥上 85% 的车流为轻型车辆,时速 120 km;15% 的车流为重型车辆,时速 90 km。实验结果表明,与没有声屏障的情况相比,绿色声屏障可显著改善桥下空间的声环境,使交通噪声降低 6~8 dB。同时,桥边缘处的 1 m 高绿色声屏障并不会阻挡司机欣赏风景。因此,强烈建议在山地城市公路桥两侧安装低矮的绿色声屏障[11](见图 6.9)。

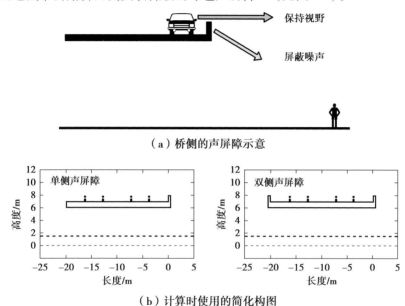

（a）桥侧的声屏障示意

（b）计算时使用的简化构图

注:正负代表左右,数值为绝对值。

图 6.9　绿色声屏障示意[11]

6.3　树木和灌木丛降噪策略

6.3.1　设计策略

对于林带来说,需要首先确定植物的胸高断面积,它是影响树木降噪效果的重要因素。胸高断面积指距地面 130 cm 处树干的横切面面积。胸高断面积越大,降噪效果越明显。增大树木的胸径并限制相邻树木之间的距离可获得较高的胸高断面积。图 6.10 所示为分析道路交通噪声插入损耗和胸高断面积关系的散点图[11]。交通情况为 4 车道公路,固定车速为 70 km/h。85% 的车流是轻型车辆,15% 的车流是重型车辆。林带后面的接收点高度为 1.5 m。林带深度为 15 m,每一个标记代表一种特定的组合种植方案和树干胸径。根据胸高断面积的大小划分了3个区域,绿色区域表示普通树种可以很容易地形成林带;黄色区域意味着必须选择特定的物种,并且需要精细的维护才能形成林带;红色区域表示可能难以实现林带。通过数值计算,得出了最佳拟合线性曲线。

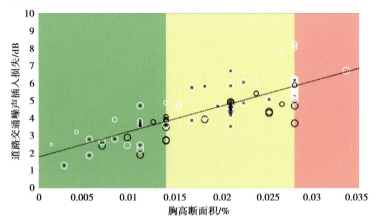

注:黑色的圆圈表示林带为规则式种植;白色的圆圈表示林带中有一部分为自然式种植;打
　　叉表示部分树木在预测的时候被忽略了。

图6.10　道路交通噪声插入损耗和胸高断面积的关系[11]

本小节分别从树木种植间距、树干胸径、林带宽度、林带长度、接收点与林带的相对距离等方面详细论述了应用树木带或灌木丛改善山地城市道路交通声环境的设计策略。

（1）树木种植间距

树木种植间距变小时,林带的降噪能力会增加。当树木种植间距大于3 m时,除树干的胸径非常大的情况外,土壤是主要的吸声材料。

（2）树干胸径

在树木种植间距确定的情况下,降噪效果与树干胸径成正比,这种关系具有线性二次型。道路交通噪声插入损失与树干胸径、林带宽度、林带长度的关系如图6.11所示。假设所有树干的胸径以相同的速度增长,树木能达到的最大胸径取决于树种和特定的林分特征。假设整个过程中森林土壤层的特征不随时间而变化,并且在栽种后,即可完全发挥树木的声学性能。所使用的种植方案为矩形式种植(沿道路长度方向间隔1 m,垂直于道路方向间隔2 m)。轻型和重型车辆均以70 km/h的速度行驶,重型车辆在交通流量中所占的比例为15%。接收点的高度均为1.5 m。如图6.11(a)所示,当树干胸径较小时,其声学性能与树干胸径呈线性相关。当树干胸径较大时,如果进一步增加树干胸径,其声学性能将迅速提高。[11]

（3）林带宽度

林带宽度指与道路长轴垂直方向的林带宽度。由图 6.11（b）可知，随着林带宽度的增加，降噪效果越明显。在林带宽度不够的情况下，可结合柔软的森林下垫面，达到良好的降噪效果。假设林带足够长，声波无法从林带的长轴两端绕射，则林带的降噪能力随着林带宽度增加而呈线性增加[11]。这类林带占地面积小，在城市和郊区环境中具有广泛的适用性，也可用作城市公园的外边界以隔绝交通噪声。

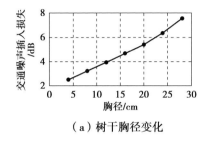

（a）树干胸径变化

注：此时林带宽度为 15 m，长度为 100 m，接收点距道路边界 50 m。

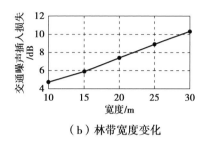

（b）林带宽度变化

注：此时树干胸径为 22 cm，林带长度为 100 m，接收点距道路边界 40 m。

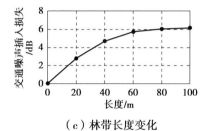

（c）林带长度变化

注：此时树干胸径为 22 cm，林带宽度为 15 m，接收点距道路边界 30 m。

图 6.11 道路交通噪声插入损失与树干胸径、林带宽度和林带长度的关系[11]

（4）林带长度

由图 6.11（c）可知，随着林带长度（沿道路长轴方向）的减小，其降噪效果也会随之降低。在林带长度有限的情况下，假设接收点在林带的背后，只有当车辆行驶到被林带遮挡的区域（意味着声源不可见），才有明显的降噪效果。当在接收点处能看见车辆时（意味着声源可见），声波不与林带相互作用，可直接传播到接收点，此时林带的降噪效果有限[11]。这将导致总体降噪效果比较有限。

（5）接收点与林带的相对距离

由于声波通过林带时就会被吸收和散射，如果林带足够长，即使增加接收点与道路之间的垂直距离，也不会显著降低隔声效果。这与传统声屏障的衰减机理是明显不同的。声音经过传统声屏障传播，在声屏障后形成声影区，如果接收点距声屏障较远，则会离开声影区,屏蔽效果不佳。相反,即使接收点距离林带较远,依然有良好的屏蔽效果。

（6）其他措施

在保持每单位面积的树木数量不变的同时,选择特定的规则式栽植方案可以增强降噪效果,矩形方案被证明是最有效的。数值模拟结果表明,在 1 m×2 m 的矩形阵列中,树干胸径统一为 22 cm 的情况下,取 20%左右的空间进行随机栽植安排,可获得最佳效果。这意味着在规则式树阵中,可将每棵树随机移动 1/5 株距的距离。相较于完全规则的方案,稍微不规则的栽植位置会提升降噪效果。避免完全统一的树干胸径是提升降噪效果的另一种方法。相较于完全规则的树阵,树干位置略有变化所提升的降噪效果要高于树干胸径变化带来的效果。实际情况中,树木的位置和树干胸径上或多或少具有不一致性。但是,从进一步优化降噪效果的角度来看,需要合理控制偏差的范围[11]。图 6.12 总结了改善林带降噪效果的措施[11]。

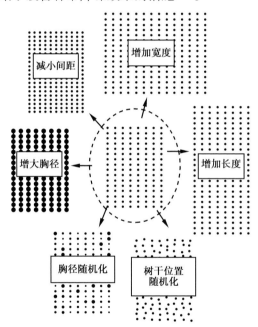

图 6.12　改善林带降噪效果的措施[11]

6.3.2　林带降噪案例

Fang 和 Ling 分别测试了 35 个阔叶林带的降噪效果。他们在林带前面 1 m 处放置一个点声源播放城市交通噪声,并在与林带垂直交叉的中心线两侧各 2.5 m 的位置,每隔 5 m 用声级计测试声压级水平(见图 6.13)。影响林带衰减噪声能力的主要因素包括林带的能见度、宽度、高度和长度等。因此,他们进一步分析了噪声相对衰减值与这几个因素之间的关系,并采用逐步回归的方法探究了噪声相对衰减值与林带能见度和宽度的关系图[139](见图6.14)。

　　如图6.14所示,噪声相对衰减值随林带宽度的增加而增加,但随林带能见度的增加而减弱。图中实现和虚线分别表示在不同林带宽度和能见度下,实测和拟合实测值得到噪声相对衰减值。结果可分为4个区:A区内的林带衰减噪声的能力最强,相对衰减值超过10 dB(A),能见度是主要的影响因素;B区的噪声相对衰减值为6~10 dB(A),林带宽度是重要的影响因素;C区衰减噪声的能力较弱,在3~6 dB(A);而D区的噪声相对衰减值小于3 dB(A)。

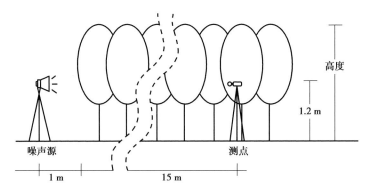

图6.13　实验设计侧面图[139]

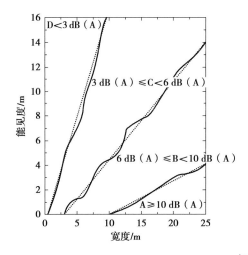

图6.14　相对噪声衰减与能见度和宽度的关系图[139]

6.4 屋顶和墙体绿化降噪策略

6.4.1 设计策略

屋顶和墙体降噪设计策略如下：

①在不影响建筑立面的前提下，建议在硬质屋顶和墙体上种植植被。对绿色屋顶而言，拓展型绿色屋顶自重轻，不需要过多的养护。密集型绿色屋顶（屋顶花园）因需要较厚的土壤层，因而对屋面的荷载能力有一定要求，且养护要求高。但密集型绿色屋顶可被赋予丰富的功能，如小型游乐场、水池、种植灌木等。因此，建议根据建筑的功能和立面需求选择合适的绿化类型。

②绿色屋顶（墙体）的土壤含水量增加，其吸声性能会被削弱。因此，不必过多地浇灌，以免增加建筑负荷、降低吸声性能。建议利用智能实时土壤含水量监测与浇灌设备，让土壤保持合理的湿润即可。

③对绿色墙体而言，主要应用吸附攀缘类与悬垂类植物。攀缘类植物养护成本低，但对建筑立面的粗糙度、耐久度有一定要求；而悬垂类植物多利用在阳台、窗台等设花槽、花斗进行种植，可应用于室内，对建筑立面要求较低且布置较为灵活，但养护要求高。两者的使用都受建筑层高的影响，因此应根据具体的建筑高度及需求合理选择。

④在山地城市中，可综合应用屋顶和墙体绿化。

6.4.2 绿色屋顶降噪案例

Liu 等人实地测试了两个城市绿色屋顶对交通噪声的衰减作用，并分析了绿色屋顶土壤含水量与其降噪作用的关系[140]。其中一个绿色屋顶位于荷兰某市中心的三层居民楼上，另一个绿色屋顶位于某大学综合教学楼上，二者的地理位置如图 6.15 所示。

对屋顶 A 进行测试时（见图 6.16），声源为真实的交通噪声。从屋顶边缘到道路中心点的水平距离为 22.5 m。屋顶两侧分别固定两个麦克风用来记录绿色屋顶两侧的声压级水平，相距 12.25 m。在两个麦克风之间，固定一个湿度计用来记录土壤含水量。

（a）Strjip-S建筑的绿色屋顶

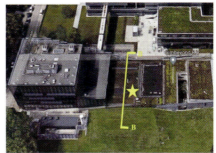
（b）Casade建筑的绿色屋顶

图 6.15　测试的绿色屋顶[140]

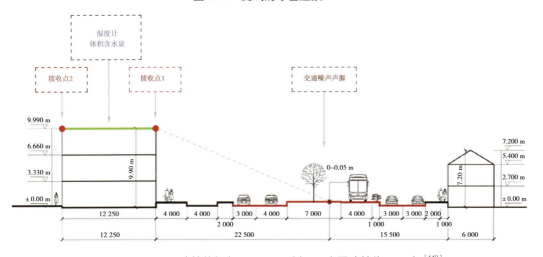

图 6.16　Strijp-S 建筑的绿色屋顶 A—A 剖面示意图（单位：mm）[140]

对屋顶 B 进行测试时（见图 6.17），由于实际道路交通噪声水平较低,因而采用人工声源（20 s sweep 信号）放置在屋顶的一侧,在距声源 0.6 m 和 5.7 m 处分别固定两个麦克风记录声压级水平,并在两个麦克风之间固定两个湿度计记录土壤含水量。

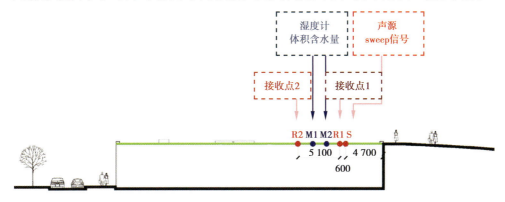

图 6.17　Casade 建筑的绿色屋顶 B—B 剖面示意图（单位：mm）[140]

如图 6.18 所示,在两种不同的情况下均可以发现绿色屋顶对噪声衰减能力随土壤含水量的增加而呈下降趋势。这是因为雨水进入土壤层,填充了土壤层中的孔隙,降低了土壤层的孔隙率,从而降低了土壤层的吸声能力。然而图 6.18(a)中 Strijp-S 屋顶噪声衰减与土壤含水量之间并不存在显著相关性。这是由于通过阻抗管实验发现,Strijp-S 绿色屋顶的土壤孔隙率随含水量的变化并不显著。

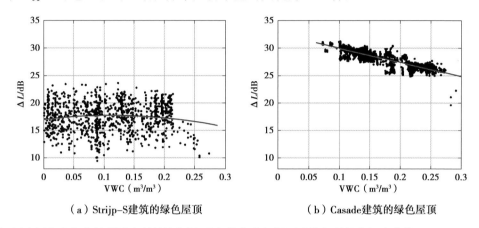

（a）Strijp-S建筑的绿色屋顶　　　　　　（b）Casade建筑的绿色屋顶

注:图中黑色点代表的是测试所得的数据,蓝色线代表根据测试数据所得的拟合曲线。

图 6.18　绿色屋顶对交通噪声的衰减值 ΔL 与土壤含水量 VWC 的关系[140]

6.4.3　绿色屋顶和绿色墙体降噪效果对比案例

图 6.19 通过数值模拟对比了在不同城市环境下,绿色屋顶、绿色墙体和低矮的屋顶绿色声屏障对城市交通噪声的衰减作用[141]。不同绿化方案对噪声的插入损失值如表 6.1 所示。结果表明,绿色屋顶对庭院中的噪声降噪效果最为显著,通过调整屋面形状可使庭院中的噪声降低 7.5 dB(A)。绿色墙体的降噪效果在很大程度上取决于原建筑立面的材料属性。当接近声源峡谷处的原建筑立面为刚性时,绿色墙体的降噪效果最为明显。综合使用绿色墙体与绿色屋顶两种方法时,对交通噪声的降噪效果最为显著。

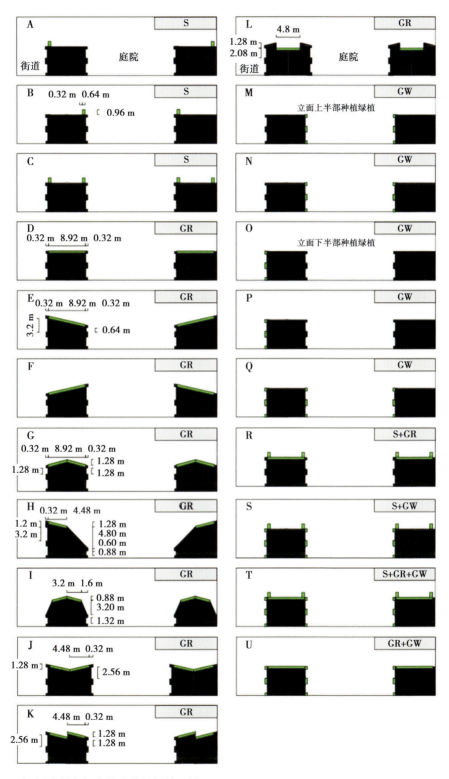

注：图中绿色部分代表的是绿植区域。

图 6.19　建筑围护结构绿化方法[141]

表 6.1 不同建筑围护绿化措施对噪声的插入损失[141]

案例编号	绿化方式	IL2D（ref a）	IL3D（ref a）	IL3D（ref b）	IL3D（ref c）
A	S	1.5(0.2)	0.7		
B	S	1.6(0.5)	0.9		
C	S	3.5(0.8)	2.7		
D	GR	2.1(1)	2.4		
E	GR	5.8(1.8)	6.8	2.6	
F	GR	5.5(1.8)	6.3	2.2	
G	GR	7.1(2.3)	7.5	2.3	
H	GR	4.6(1.8)	5.1	3.1	
I	GR	5.7(2.2)	5.9	3.8	
J	GR	2.1(0.6)	2.6	2.5	
K	GR	2.9(1.1)	3.5	4.2	
L	GR	0.5(0.2)	0.7	2.8	
M	GW	1(0.6)	1.2		2.0
N	GW	1.5(0.8)	1.8		3.2
O	GW	0.5(0.3)	0.4		1.7
P	GW	0.9(0.6)	0.9		3.4
Q	GW	0.9(0.7)	0.9		4.4
R	S+GR	4.4(0.9)	4.3		
S	S+GW	3.5(1.5)	2.8		7.0
T	S+GR+GW	4.6(1.6)	4.0		8.1
U	GR+GW	1.7(1.6)	1.7		5.0

注："S"代表在屋顶边缘的低矮声屏障,"GR"代表绿色屋顶,"GW"代表绿色墙体;"IL2D"代表 2D 模拟的插
入损失值,"IL3D"代表 3D 模拟的插入损失值,括号中的数字为标准差(单位 dB);"ref a"表示尺寸相同,
但没有采用绿化措施,砖的吸声系数参考 ISO9613-2;"ref b"假定为刚性平屋顶,适用于非平屋顶的情况;
"ref c"假定为吸声系数较小的砖,适用于所有绿色墙体的情况。

6.5　地面绿化降噪策略

6.5.1　设计策略

地面绿化降噪设计策略如下：

(1)将硬质路面替换成柔软地面

将硬质路面替换成柔软的地面,如草地、土等。硬质路面通常包含水泥、沥青、砖石地面,这些路面材料表面相对柔软路面而言比较光滑,吸声系数较小,对噪声的衰减效果并不明显。而柔软路面吸声系数比硬质路面大,用柔软路面代替硬质路面,能够显著地降低交通噪声声压级。

(2)结合地形地势进行绿化处理

不同降噪措施可结合山地地形进行设计,不仅可以更有效地降低交通噪声的影响,还可以丰富绿化的景观层次,在为城市提供良好的声环境同时,营造更好的公共绿化休闲场地。例如,利用山地起伏的地形,山脊作为天然声屏障,隔绝交通噪声对周边居住区的影响。或将道路设置在山谷处,使得交通噪声无法越过山体向外传播。也可以利用既有绿化土堤作为与周边建筑的防噪障壁,绿化土堤背向道路的边坡可兼作公众休息地。或设置人造土堤来隔离道路交通噪声,还可沿道路两侧设置绿色声屏障,或在道路两侧种植灌木丛、矮生树,既可绿化街景,又可减弱不利声反射。

6.5.2　硬质路面与绿化地面降噪效果对比案例

图 6.20 对比了法国某城市硬质电车轨道路面与绿化路面对交通噪声的衰减作用[11]。这里电车噪声源可简化为一系列垂直点声源,这些点声源分别位于 0.05 m、0.3 m 和 0.5 m 高度(见图 6.21)。结果表明,在轨道之间和轨道两侧种草,可使距离最近轨道 4 m 远、1.5 m 高处所接收到的电车噪声降低 1~10 dB(A)〔平均降低约 3 dB(A)〕。

6.5.3　地面绿化降噪案例

距离荷兰阿姆斯特丹西南 9 km 处是史基浦机场,该机场人流量位居欧洲机场第 3 位。机场每年人流量高达 6 300 万、航班 47 900 次,平均每天 1 300 架飞机从这里起降,平均每分钟都有 1 趟航班。

（a）沥青路面   （b）草地

图 6.20　法国某城市有轨电车地面[11]

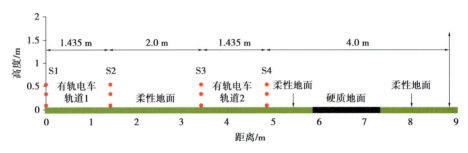

图 6.21　声源与接收点位置[11]

机场场地开阔、平坦,场地内无任何可防止飞机噪声对周边区域影响的阻挡,导致几十年以来,飞机噪声对周边居民的危害日趋严重。2008 年,机场聘请 H+N+S 景观建筑事务所、荷兰应用科学研究组织（TNO）等对机场声环境进行优化设计。他们通过研究分析发现,机场周边的田地在秋季被耕种后形成了多个山脊,这些山脊既可以吸收声波,也可以偏转声音传播方向,使得噪声对周边区域的影响显著下降（见图6.22）。根据这个研究发现的成果,他们提出了机场声环境优化方案（见图 6.23）,即在机场的西南方,沿着飞机跑道边缘的附近挖若干沟渠,并种植树篱。这些沟渠共形成了 150 个山脊,山脊之间的距离同机场噪声波长大致相等,约为 11 m。方案实施结果显示:噪声水平降低了一半以上。

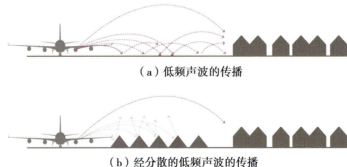

（a）低频声波的传播

（b）经分散的低频声波的传播

图 6.22　阿姆斯特丹机场附近噪声传播示意图

（图片引自:H+N+S）

（a）　　　　　　　　　　　　　（b）

图 6.23　阿姆斯特丹机场附近公园

（图片引自：H+N+S）

第7章 基于声景营造策略的山地城市交通噪声改善策略

"声景（Soundscape）"一词最早由加拿大作曲家 R. Murray Schafer 提出[142]，由国际标准化组织（ISO）定义为：在特定情景中，被一个人或一群人所感知、体验或理解的声环境[143]。声景设计的主要目的是营造舒适的、利于人们体验的声环境[144]，并通过声景体验来使人产生独有的空间记忆与联想，强化人对所处空间的认知理解。与传统的噪声控制视角不同，声景方法首要任务不是降低噪声值，而是关注在当前环境中适合的和需要的声音。在声环境设计中，声景方法将声音视为"资源"，而不是"废物"。声景的研究工作已经在不同类型城市中进行并取得了一定的成果，然而针对山地城市的声景研究，国内目前的研究还不够全面。

由于山地城市公共空间的特殊性、多维性和复杂性，现有研究在理论和设计应用层面不能完全适用。山地城市与平原城市相比，具有较明显的地貌梯度特征，竖向地形变化多样、高差丰富，缓坡与悬崖等各类地貌并存[145]。这些特点造就了独特的多维城市、建筑空间，而人口的稠密与土地资源的稀缺增大了城市建筑密度，使得城市噪声问题更为突出，尤其是混合噪声对城市环境有显著的影响。

山地城市传统建筑聚落的空间组织与山水环境和社会生活网络的关系密切。在山地城市传统人居环境的营建过程中，当地居民注重适用性和实用性，建筑语汇的逻辑组织不受空间与礼制思想的制约，主要以垂直或平行于等高线的方式，于山水环境之间组织聚居空间[146]。一方面，山地城市部分地区往往受山体和水体的限制，空间呈横向维度，即以山体与水岸为轴线展开，形成带型空间。此类与城市接触面较大的空间形态易与城市交通或生活用地直接发生关系，如果缺乏良好的声景设计，则易导致公共空间的声环境杂乱。另一方面，由于山地城市独特的地理条件，城市公共空间中可能存在更丰富的声源类型。为改善城市声环境和城市形象，在治理环境噪声之外，还需通过调查挖掘潜在的声景，指导未来声景设计。

7.1　山地城市声景营造基本原理

7.1.1　山地城市声景设计原则

山地城市声景设计应遵循因地制宜性、地域文化性、环境协调性的原则,具体表现在以下 3 个方面。

1)因地制宜性

不同于平原城市,重庆这样的山地城市丘陵起伏、江水延绵,传统的建筑形态与聚落分布已适应其地形特点。相应的声景设计也应充分利用地势,将高差变化作为天然的阻挡,并通过空间围合形式的变化,规避声元素的重复,营造出不同意境的声景。对于新建项目的山地地貌与原始生态要进行保护,保留自然的声景。

2)地域文化性

不同区域的传统民俗声传递着不同地域人的性格特点和生活及精神状态[147]。在声景设计中,运用地方性的传统民俗声可以营造归属感强、地域文化特色鲜明的效果。例如在苏州园林内,泛舟于湖面,船舱中琵琶演奏的评弹,充满着江南水乡韵味[148]。地域性传统声音还可作为地域商业文化声的亮点,承担文化传播的载体。

3)环境协调性

不同空间随着地形高差的变化,其空间功能也会发生改变,在山地城市声景设计中需结合空间功能,合理控制扩音设备的外放音量,使整体听觉效果与环境相协调。声音作为特定环境的听觉因素,不同的旋律会使人产生不同的情感联想[149]。如果想恰如其分地营造氛围和意境,声景的设计就需要结合周边的环境特征,并且符合大众的心理接受度。随着现代商业元素的侵入,山地城市的传统声景早已发生变更,如何将现代与传统的声景协调地融合显得尤为重要,譬如在古镇中,商铺可尝试播放丝竹之声来代替与周围环境格格不入的嘈杂音乐,使其所在空间的声景变得和谐。

7.1.2　山地城市声景设计要点

进行山地城市声景设计时,要注重前期规划、设计过程和技术手段,具体表现在以下几个方面:

1)前期规划

城市声景的设计应该是全面的、系统的、有方向的,因而要对城市声景进行层次规划。声景的不同层次就像是香水的前调、中调、后调,不同层次给人带来不同的体验,而如今城市的声景意象并无层次区分。针对山地城市声景规划,在建设过程中要避免大挖大填,尽可能维持原有的山地城市地貌,保护原有的自然声景资源。具体可以从轴线的节奏规律出发,设计出一条节奏主轴线,将起伏山势和延绵江水带来的丰富自然声景资源融入城市的各个节点,从声景的角度来诠释山地城市的概念。同时,城市声景的规划和建设应划入市政建设,由政府主导,鼓励开发商在项目中积极尝试高质量声景设计。

2)设计过程

山地城市的声景设计不能仅凭经验,还需经过实地调研和系统研究。将声景设计手法融入方案设计过程,在方案设计时要尊重每个场地的自然原貌,尽可能把声景设计摆在优先位置,而不必过度地强调建筑功能和效率。在设计手法上要合理利用山地城市的地形地貌,对空间的高差以及围合程度进行控制,以此形成不同的声景。在声景的营造过程中,要尽可能利用山地城市中有文化代表性的传统人文声,或是有地域特征的自然声。此外,还可以通过山地城市独有的视觉景观,甚至嗅觉感受的协同作用来营造环境氛围,形成高品质的声景。

3)技术手段

在技术层面,可以在设计前期采集山地城市中有特点的优质声景元素,通过声音剪辑将多种元素收集整理后,用声学软件对不同的声景元素进行放大或缩小,并设计它们的出现时序、出现方式,形成概念构思。具体做法为:首先,在选取素材时要注重人的感受与自然环境的融合,利用人们对山地城市的文化印象和对声景的期待偏好,选取有地域特征的传统活动声、民俗人文声,或能让人产生愉悦心情的流水声、鸟鸣声等加入到声景设计中,引起人们与声环境之间的共鸣;其次,在现实空间中合理布置声源位置,通过山地城市的高差变化和空间围合变化,在空间中形成声环境的渐变,丰富人们的声景体验;最后,通过基于声掩蔽效应的听觉掩蔽(Auditory masking)手法[150],使用上述合适的自然声景或人文声景进行声景掩蔽[151-153],从城市噪声中转移听众的注意力,提高声环境的整体质量[154]。

7.2 山地城市绿地空间声景营造策略

7.2.1 山地城市公园声景研究

声漫步是有效的声景现场研究手段,可对城市公园、广场及街道等多种公共空间进行声景评价[155-156]。但先前大多城市公园声漫步研究未涉及山地城市空间,且受声漫步参与者数量制约,不能实现多区域的同步评价。因此,本节采取声漫步现场调查方法,同时对重庆市5个典型山地城市公园进行声景感知评价,并结合声环境指标与山地空间形态指标进行分析。研究目标是取得声景感知评价和对应的声环境测试结果,找到影响声景感知的声环境指标和空间形态指标。

本节以重庆市主城区内的鸿恩寺公园、龙头寺公园、花卉园公园、石门公园、平顶山公园5个典型山地城市公园的核心景区作为案例研究范围。5个公园的相对高差均大于30 m,花卉园公园为专类园,其余公园为综合性公园。鸿恩寺公园位于重庆市江北区龙脊山,区内地形起伏较大,西北面为悬崖峭壁,南侧临江面为斜坡和台地地貌,园内制高点海拔418 m,山顶鸿恩阁观景台是重庆市主城区(内环之内)最高观景台;龙头寺公园四周高中间低,最高处和最低处高差近100 m;花卉园公园北低南高,南部为龙脊山北麓;石门公园地形呈马蹄形,地势起伏,外高内低;平顶山公园位于沙坪坝区平顶山,海拔425 m,为沙坪坝区的制高点。

声漫步路线和声漫步点依据各案例公园主要浏览路线、主要景点、功能区划分情况及人群活动分布情况来制订。声漫步点分布情况见图7.1。为确保地形、景观、场地尺度的差异,各声漫步点间距大于100 m,每个公园有10个左右的声漫步点。

（a）鸿恩寺公园　　　　　　　　　　（b）龙头寺公园

（c）花卉园公园　　　（d）石门公园　　　（e）平顶山公园

图7.1　5个案例公园声漫步点布置图

在每个声漫步点,由引导人员完成声学测试、录音及拍照。声学测试内容包括:等效 A 声级 L_{eq}、时间计权声级(L_5、L_{50}、L_{95}),以及 1/3 倍频程声级(31.5~6 300 Hz)。测试与录音时间为 5 min,仪器为 AWA6228+I 型声级计。

在每个声漫步点,要求参与者进行 5 min 的声景体验并填写声景感知评价表,共收回有效评价表 1 445 份。该评价表分为两部分,第一部分为视觉景观与声景感知评价,采用 9 级评价量表;第二部分为声偏好与声景构成记录。第一部分包含 8 项评价指标,分别是空间开敞度 SOD(1 封闭—9 开敞)、视觉景观舒适度 VCD(1 不舒适—9 舒适)、视觉景观多样度 VDD(1 单一—9 丰富)、视觉景观自然度 VND(1 人工—9 自然)、声景舒适度 SCD(1 不舒适—9 舒适)、声景多样度 SDD(1 单一—9 丰富)、声景自然度 SND(1 人工—9 自然)、声景与视觉景观的和谐(匹配)度 SVHD(1 不和谐—9 和谐)。

以鸿恩寺公园和龙头寺公园为例,其 1/3 倍频程声级分别见图 7.2 和图 7.3。在鸿恩寺公园中,L_{eq} 最高值 81.9 dB(A)出现在 A2,标识声为乐器演奏声,L_5 达 86.4 dB(A),在 200~4 000 Hz 声级明显高于其他点。该点的空间较为封闭,封闭空间不利于内部噪声向外传播,还可能会形成多次反射使声级增高。A8 的 L_{eq} 最低[46.6 dB(A)],标识声为鸟鸣声,游客活动为安静休息。且 A8 所在坡地草坪以及与公园外道路间浓密的树林很好隔绝了外界交通噪声,在 800~4 000 Hz 范围声级低于其他点。A5 的声舒适度、视觉景观舒适度、声景与视觉景观的和谐度均为最高,分别是 7.3、7.5 和 7.3,且无交通噪声影响,在 31.5~400 Hz 范围声级低于其他点。但其 L_{eq}[52.7 dB(A)]处于各声漫步点中的中间水平,可以看出良好的声景与视觉景观的和谐度可以提升声景舒适度。A10 声舒适度(5.1)最低,原因可能是 A10 较靠近外侧道路,在 100~200 Hz 频率范围声级最高,且有最低的声景与视觉景观的和谐度(4.7)。

在龙头寺公园中,L_{eq} 最高值 60.8 dB(A)出现在 B7,L_5 为 69.7 dB(A),较高频段 2 500~4 000 Hz 声级突出。但 B7 的声舒适度(6.3)并不是公园中最低的,原因可能是其声景自然度(6.8)最高,标识声为鸟鸣声。最安静点为 B9[48.2 dB(A)],该点位于山坡台阶处,其空间开敞度在所有声景点中评价最低(3.8),不易受外界噪声影响,且空间较狭窄,不适合开展群体活动,以通行功能为主。B10 的声景舒适度(6.8)、视觉景观的和谐度(6.9)均最高,原因是 B10 在公园中部谷地的溪水旁,标识声为流水声。但 B10 的 L_{eq}[52.3 dB(A)]也属于各声漫步点中的中间水平,可见虽然流水声声压级不低,但也可以产生较高的声景舒适度。B2 的声景舒适度(4.4)最低,原因是 B2 在较为平坦的儿童乐园区,标识声为儿童嬉戏声,在 500~2 000 Hz 频率范围声级最高,声景自然度也最低(3.0)。

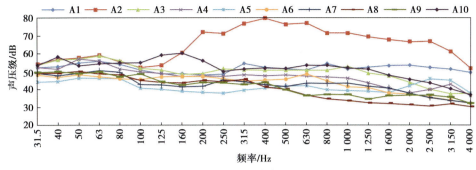

图 7.2　鸿恩寺公园各声漫步点 1/3 倍频程声级

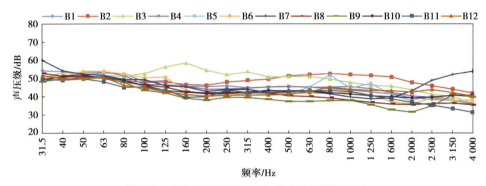

图 7.3　龙头寺公园各声漫步点 1/3 倍频程声级

视觉景观与声景感知评价指标之间的相关性分析见表 7.1,样本量为 1 445。8 个声漫步评价指标之间的显著正相关较多,值得注意的是,声景舒适度与其余 7 项指标均呈显著正相关($p<0.01$)。可以看出,在本次 5 个山地城市公园声漫步中,某一环境的空间开敞度、视觉景观舒适度、视觉景观或声景多样度、视觉景观或声景自然度、声景与视觉景观的和谐度越高,声景舒适度越高。声景与视觉景观和谐度与除空间开敞度之外的其余 5 项指标呈显著正相关($p<0.01$),可见空间开敞度并不能影响声景与视觉景观和谐度。

表 7.1　8 个声漫步评价指标之间的 Spearman 相关性分析($N=1\ 445$)

指标	SOD	VCD	VDD	VND	SCD	SDD	SND
VCD	0.270**						
VDD	0.227**	0.370**					
VND	0.019	0.357**	0.198**				
SCD	0.098**	0.444**	0.224**	0.338**			
SDD	0.099**	0.183**	0.358**	0.136**	0.128**		
SND	0.022	0.244**	0.159**	0.373**	0.558**	0.045	
SVHD	0.058*	0.382**	0.228**	0.280**	0.651**	0.165**	0.593**

注:** 表示 $p<0.01$;SOD—空间开敞度,VCD—视觉景观舒适度,VDD—视觉景观多样度,VND—视觉景观自然度,SCD—声景的舒适度,SDD—声景多样度,SND—声景自然度,SVHD—声景与视觉景观和谐(匹配)度。

表7.2 显示了声环境指标与声漫步评价指标、高度指标之间的相关性分析结果。海拔高度与L_{95}显著负相关($p<0.01$),相对高度和空间开敞度也与上述声环境指标呈负相关,也就是说山地城市公园中场地所在的地势越高或空间越封闭,声压级越小。声景舒适度和声景自然度均与声环境指标呈显著负相关($p<0.01$)。图7.4(a)所示为L_{eq}与声景舒适度的线性回归,可以看出,声压级越低,声景越舒适自然。声景与视觉景观和谐度与L_5具有统计学意义的负相关($p<0.05$),与L_{eq}、L_{50}和L_{95}呈显著负相关($p<0.01$),图7.4(b)为L_{eq}与声景与视觉景观和谐度的线性回归,可见声景与视觉景观和谐度越高,场地的声压级越低。

表7.2 声漫步评价指标、高度指标与声环境指标之间的 Pearson 相关性分析($N=49$)

类 别	声环境指标			
	L_{eq}	L_5	L_{50}	L_{95}
海拔	−0.135	−0.096	−0.219	−0.368**
相对高差	−0.112	−0.072	−0.127	−0.155
SOD	−0.218	−0.184	−0.249	−0.244
VCD	0.130	0.150	0.124	0.173
VDD	−0.085	−0.082	−0.062	0.001
VND	−0.229	−0.207	−0.190	−0.148
SCD	−0.482**	−0.447**	−0.466**	−0.485**
SDD	0.132	0.126	0.189	0.234
SND	−0.579**	−0.520**	−0.585**	−0.582**
SVHD	−0.384**	−0.357*	−0.366**	−0.391**

注:**表示 $p<0.01$,*表示 $p<0.05$;相对高差为声漫步点所在海拔与公园各点海拔中间值的差值。

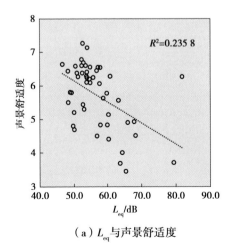

（a）L_{eq}与声景舒适度

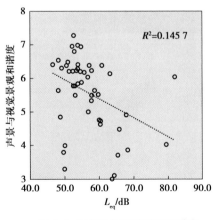

（b）L_{eq}与声景与视觉景观和谐度

图7.4 声环境指标与声漫步评价的线性回归

通过对典型山地城市公园的声漫步调查,对主要声景点的客观声环境、声漫步标准化评价进行了研究。发现环境声景舒适度较高、声景类型以自然声为主时,声漫步点的 L_{eq}、L_5、L_{50}、L_{95} 较低。在山地城市公园中,山地地形造成的重要特点是空间的围合度和场地尺度在不同海拔、坡度的变化。研究发现空间围合度与 L_{eq} 呈负相关,但不显著。空间围合度会影响声音传播,当围合度较高时,可有效阻挡外界噪声侵入,营造安静空间,但当空间内部有高噪声活动时,较高的围合度便不利于噪声向外传播,多次反射还可能会导致声压级增高。

7.2.2　城市绿地声景设计策略

本小节研究如何使用自然声提高城市居住区的声景品质,探讨自然声音是否适应不同功能区域和屏蔽交通噪声的影响。实验室研究包括 2 个条件:a. 纯听觉条件;b. 视听组合条件。对于纯听觉条件,构造了 14 个声刺激(每个 10 s),即 1 种道路交通噪声(RTN)、5 种鸟(B1—B5)、3 种昆虫(I1—I3)和 5 种水(W1—W5)声音。RTN 和自然声音之间的信噪比(SNR)设置为 0 dB(A),先前研究表明,自然声音应相似或低于 RTN 水平 3 dB[151,157]。声刺激的 10 s A 加权等效声压级($L_{eq,10s}$)固定在 55 dB(A)。在新加坡居民区采集了 6 个地点的球形全景图片,用于实验室研究,主要类型如图 7.5所示。在视听组合条件中,创建了 84 个视听刺激,并使用 11 级量表(0:一点也不令人愉快;10:非常愉快)评估给定位置声源的适用性。共 43 名听力正常受试者参加实验。实验素材通过监听耳机和液晶监视器屏幕呈现。

|（a）活动区|（b）消极区|（c）公共绿地|

|（d）屋面绿地|（e）社区公园|（f）公园连接区|

图 7.5　居住区 6 个位置的球形全景图像

1) 声刺激的偏好性

图 7.6 显示了声学刺激的平均舒适度评分分数。总体而言,除了 B3,其余自然声音的愉悦度得分均高于交通噪声。在自然声音中,水的声音比其他自然声音更受欢

迎。W4(流水)和W5(湖波)被认为是最令人愉快的声音,这与先前研究[157-158]的发现是一致的。鸟声和昆虫声音在愉悦方面没有显著差异。在鸟声中,B2和B4的愉悦度得分比其他鸟声要高。I2在昆虫的声音中获得了最高的愉悦度评分。采用单因素方差分析(ANOVA)检查声学刺激中偏好分数的统计平均值差异。

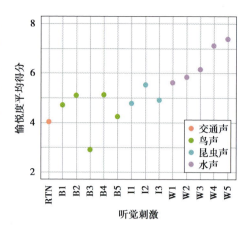

图7.6 纯听觉条件中平均愉悦度得分

结果表明,自然声音在愉悦度方面存在显著差异($p<0.01$)。比较交通噪声和自然声音之间的平均差异发现,I2和W1到W5的均值差异很大,这意味着道路交通噪声和鸟声之间没有显著差异。在大多数城市空间,道路交通噪声的L_{eq}值范围为55~70 dB(A)[159]。本实验中55 dB(A)的道路交通噪声被视为可接受的噪声水平,以便受试者可以评估RTN不那么烦人的原因。新加坡市是高度密集的山地城市,因此新加坡人可能习惯于较高的道路交通噪声水平。

2)居住区声音的适应性

在视听组合条件下,评估了6个场景内的声景的适应性。如图7.7所示,在不同位置都发现了声景适宜性的巨大差异。这一发现表明,空间功能在判断声景[154-160]的适应性方面起着重要作用。一般来说,鸟声在住宅区作为掩蔽声最为合适,因为鸟声的连贯性强,且更适合在绿地、活动空间等场景出现;而水声在住宅区的适应性低于鸟声和昆虫声。受试者认为水声只适合出现在公园场景以及居住区与公园间的连接空

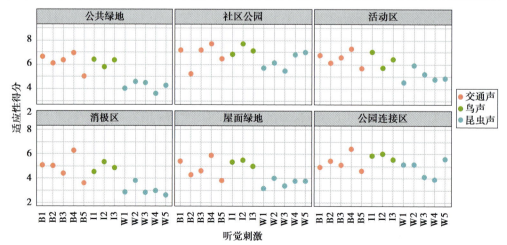

图7.7 不同场景的声景适应性平均得分

间。但是,鸟类和昆虫的可见度并不是判断其声音是否适宜的关键因素,因为通常情况下,即使人们不知道鸟类和昆虫的位置,他们也会听到鸟类或昆虫的声音。

从声景的偏好和适应性的角度,自然声可作为交通噪声的掩蔽声,其中水声带来的愉悦度最高。住宅区的室外开放和公共空间的主要功能包括:个人锻炼、非正式户外游戏和社交,体验平和与自然。在不同功能的区域,水声的声景适宜性存在显著差异。水景特征的可见度是使用水声音作为掩蔽声的重要因素,而鸟类和昆虫的可见度并不是评估鸟类或昆虫声音适宜性的重要因素。一般来说,公园是所有自然声掩蔽最合适的地方。

7.2.3　城市绿地声景设计实例

1)项目概况分析
该项目要求在一片城市绿地上为市民、游客营造适宜的景观设计,并为某个城市管弦乐队建造一个室外音乐剧场。场地景观设计要求契合地形,能充分反映该场地的自然、人文要素,利用周边景观,且为表演者与游玩者提供一定的车位,并希望屏蔽场地周边的城市噪声,营建适宜且符合使用需求的声景观。室外音乐剧场要求在有屋顶的观众区能容纳 5 000 名观众,在草坪观众区能容纳 20 000 名观众,室外音乐剧场主要在夏季使用,使用的主体包括管弦乐队、歌剧、戏剧及芭蕾舞团队和一些摇滚、爵士乐队等。室外音乐剧场需要考虑建声设计与扩声系统设计,以满足观众区的声学需求。

项目基地位于城市周边的一片绿地上,面积约 2.3 公顷(见图 7.8)。场地内部具有一定高差,北低南高,最高点与最低点高差为 22 m。场地周边多为城市绿地,具有优良的自然资源。场地北侧是一条河流,提供了优良的景观资源,东、西侧为普通道

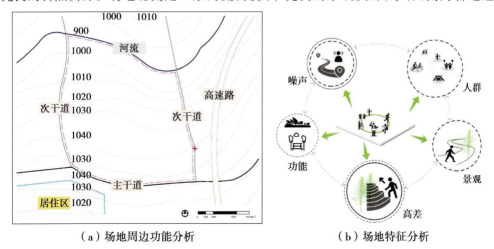

（a）场地周边功能分析　　　　（b）场地特征分析

图 7.8　场地周边功能分析与场地特征分析

路,南侧为城市高速路。在场地的西北角是一片居住区,距离场地西侧 26 m 处是城市的 6 车道州级公路,车流量大,对场地造成严重噪声干扰。场地使用性质分析与场地使用人群分析见图 7.9。

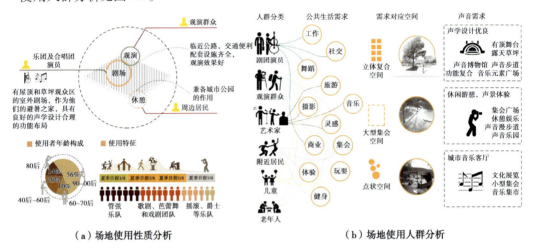

（a）场地使用性质分析　　　　　　　　　　（b）场地使用人群分析

图 7.9　场地使用性质分析与场地使用人群分析

2）声景设计策略

通过对场地的高差与景观资源分析,并对使用人群进行梳理,可以确定剧场的选址与整体景观规划结构。为远离东侧州级大道的噪声干扰,并充分利用场地本身的高差作为室外剧场的观众区起坡,将室外剧场选址确定在场地的西北角。为了让室外剧场观众能获得较大的河流景观面,将室外剧场的轴线适度偏转一定角度。室外剧场作为场地内部唯一一个垂直面的最高点,将其与南面的入口广场连接形成景观轴线,并建立从西南角到北面河流的景观廊道,围绕景观轴线与景观廊道确定多个节点,并充分利用场地高差,形成富有变化的空间层次,最终确定了整体的景观布局。

场地的噪声处理策略如图 7.10 所示,为掩蔽东侧高速路的交通噪声,控制室外剧场的背景噪声,在场地内采用了如下 3 个策略进行噪声控制。

①沿道路一侧布置了 4 m 高的声屏障;

②结合景观廊道设置具有隔声功能的景观片墙;

③利用场地的土坡,在土坡上种植树木,降低噪声影响。

在靠近高速路广场的节点内部,通过不同水景的水声,起到对交通噪声的掩蔽效果。

声景设计方案(见图 7.11)要考虑场地的自然属性,在不破坏原有的场地地形特点,充分利用场地高差的前提下,营造不同空间层次的视觉景观,在不同空间层次营建与视觉景观相协调的声景,并充分利用场地原有的河道景观资源,引入其视觉景观与声景观特点。除此之外,希望场地的声景还能够反映该场地的人文属性,即表现出该音乐剧场用地的特征。最终拟营建一个符合年轻人兴趣,并能反映场地音乐属性的声

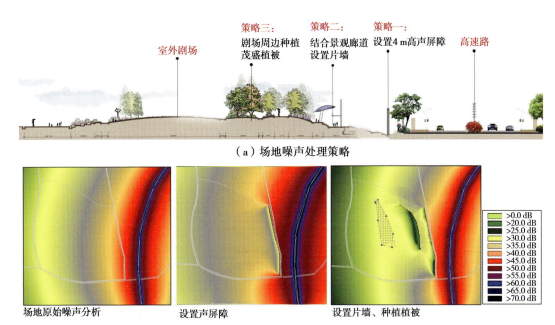

（a）场地噪声处理策略

| | >0.0 dB |
| >20.0 dB |
| >25.0 dB |
| >30.0 dB |
| >35.0 dB |
| >40.0 dB |
| >45.0 dB |
| >50.0 dB |
| >55.0 dB |
| >60.0 dB |
| >65.0 dB |
| >70.0 dB |

场地原始噪声分析　　　设置声屏障　　　设置片墙、种植植被

（b）场地噪声处理模拟

图 7.10　场地噪声处理策略及场地噪声处理模拟

景观。分别在不同节点营建活动声、音乐声、水声、鸟叫声等，并根据人们的声音喜好分析调研结果，将不同频率特性、不同声压级的声源进行组合，营造出不同节奏与氛围的声景。

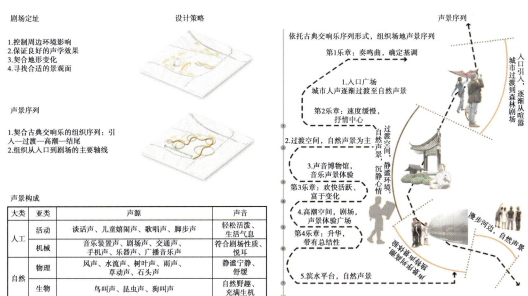

（a）设计策略　　　　　　　　　　　（b）声景序列

图 7.11　设计策略与声景序列

该剧场还确定了沿景观廊道的 5 个节点(见图 7.12),依托古典交响乐序列,组织场地的声景序列,让来访者在该序列空间的游憩过程中,分别经历不同节奏变化的视觉景观与声景。整体分为 4 个乐章,游玩者会感受到不同节奏的声景变化,与古典交响乐的乐章节奏变化相似,游客能在声景体验过程中感受场地本身的人文属性。

图 7.12　节点声景设计方案

第 1 乐章是入口广场,这个节点对应奏鸣曲,为城市活动声逐渐过渡到自然声景,以确定基调;第 2 乐章是过渡空间,分别对应了下沉广场与地下廊道,整体声景以自然声和音乐背景声为主,营造舒缓的声景氛围,也为高潮声景观节点做好铺垫;第 3 乐章是声景观的高潮部分,对应了开放广场与剧场节点,以交响乐为标志声音,结合其他音乐装置的声音,营造欢快、热烈的声景观氛围;第 4 乐章是声景观升华的部分,对应了沿河景观带,以水流声、鸟叫声等自然声音为主,营造安静、平和的声景观氛围。

7.3　山地城市医疗康养空间声景营造策略

7.3.1　声景设计策略

综合医院室外公共空间声景营造,主要目的是为病人提供安静的就医与康复疗养环境,提升身心舒适度,从而促进疾病康复和提高就医效率。基于实地测试和声景评价的分析结果,从声环境控制角度、声景设计角度、空间布局角度提出了医院室外空间声景优化的相应对策与建议。

1)声环境控制:医院室外安静区设计与声环境质量标准补充

宁静评价(Tranquility rating)研究发现,等效 A 声级 L_{eq} 与宁静度最显著相关[161],L_{eq} 可作为医院室外公共空间声环境的首要评价指标。在声环境控制中,可首先进行室外安静区设计[162],如安装声屏障、各医院根据实际情况制定"室外空间声环境控制条例"等措施,限制鸣笛声等道路交通噪声对医院声环境的负面影响。从而使综合医院室外公共空间达到现行《声环境质量标准》中 0 类声环境功能区(指康复疗养区等特别需要安静的区域)的环境噪声等效限值要求:昼间 50 dB(A),夜间 40 dB(A)。其次,建议医院声环境质量标准应区分门诊楼和住院楼附近范围内声环境限值,而非采用统一标准,对于住院楼附近区域应提出更高要求,以保证住院病房可达到 WHO 提出的 30 dB(A)限值[70]。

2)声景设计:增加医院公共空间自然声与声景小品,掩蔽道路交通噪声

公共空间增加自然声可以有效提高声舒适度[163]。根据上述声期待评价可知,"近有自然声,远有人为声"是医院室外空间的理想声景构成,故应在医院环境中增加自然声的发生频率与持续时间。水声因具有良好的声掩蔽作用,可降低人对混合噪声的烦恼度[157]。在医院中混合噪声较高的门诊、急诊与入口广场等区域,应通过喷泉、跌水等水景设计来掩蔽交通噪声。还可通过增设雕塑、景墙、水池等景观小品,增加景观多样性,并利用视听交互效应产生的积极影响,提升医院室外空间的声舒适度,优化康复景观整体质量。在医院中部较为安静的区域,应更加重视自然声的引入,以特色声景来增加绿地空间的标识性和康复性,从而吸引病人在绿地空间中休闲游憩。可根据环境噪声强度与频谱特征有针对性地设计声景装置,营造鸟鸣虫叫、风吹树叶、雨声等自然声景,可一定程度掩蔽环境噪声,增加医院室外空间的趣味性。

3)空间布局:医院公共空间的声景静动分离,增加绿色空间

首先,从整体规划布局着手,根据住院楼、门诊楼等医疗建筑的不同需求,病人在

室外空间的停留时间,划分安静休息区与密集活动区。由于住院楼附近病人的停留时间长,故对于安静环境的需求高,应属于安静休息区。住院楼宜布置在医院中部或深处,远离交通干线,减少外部交通噪声的直接影响,并与门诊楼、急诊楼等人流量较大的密集活动区保持适当距离。安静休息区与密集活动区之间还应尽量避免直道连接,宜设置弯曲道路,并利用植被或自然地形的声屏障作用隔离阻挡医院内部的噪声传播[164]。

其次,优化医院内部交通流线,尽量保证人车分流。但综合医院门急诊量和收容量巨大,现有停车位难以满足就诊探视需求,导致医院室外较安静区域被地上停车场占用。故应考虑设置外部或地下停车场,将因建筑或地形围合条件形成的安静区域留给花园绿地。高效利用医院室外空间有限的土地资源,扩大植被的郁闭度。研究证实,绿色植被可以降低使用者对环境噪声的负面感知[165]。通过种植浆果类植物,搭建人工鸟巢吸引鸟类迁入,打造引鸟群落景观,增加医院室外空间的鸟鸣声。相关研究证实,鸟叫声对相对距离大于 19 m 的道路交通噪声有较明显的掩蔽作用,可提升声景的自然度和愉悦度[152]。而在现有绿地面积难以增加的条件下,宜考虑增加屋顶绿化,推广墙体垂直绿化技术的应用。这样可以增加建筑外立面的吸声与扩散面积,同时还能够大幅提高绿视率、丰富景观层次,也可提高吸引鸟类的可能性,满足使用者的声期待。

7.3.2 基于戏剧疗法的声景治愈花园设计

1)项目概况

重庆某三甲医院位于重庆市大学城西北面,东靠大学城中路,南邻厚德路(见图7.13)。其东西两侧均为居住区,北侧和南侧分别为重庆医科大学及重庆师范大学,且北侧有梁滩河流经。场地位于缙云山和中梁山两条山脉之间,地势开阔,起伏小,属构造剥蚀浅丘地貌。二期用地总体上呈中间高四周低,最高点位于基地中部小山丘上方,高程为 309.88 m,最低点位于东侧山丘下,高程为 290.80 m,最大相对高差约为19.08 m。大学城内以教育类、居住类建筑为主,但缺乏公共卫生资源,疗愈空间建设不足。

(a)项目概况　　　　　　　　　　　　(b)区位分析

图 7.13　项目概况及区位分析

该场地所在地区大学生占总人口的 38%，其他城市居民占比为 62%。该场地主要噪声源为停车场及相邻交通干道的交通噪声和周围环境噪声。白天声环境质量基本符合标准。而在夜间，偶尔会出现超标现象。总的来说，场地声环境的原始条件基本符合《城市区域环境噪声标准》的 1 类标准。由于当前各社会群体普遍存在抑郁倾向等亚健康状态，因此，本方案的初步设计思路是发挥心理咨询中心的作用，向大众开放定期或不定期心理咨询服务，除了在室内进行的治疗，将设计重点放在心理咨询中心西侧的山坡绿地，以期能激发医疗用地内部绿地的康复疗养功能及声景的恢复性效应。

2）声景设计策略

为了发挥声景的恢复性效应，达到心理咨询、放松的功能及目的，可在设计中引入戏剧疗法。戏剧疗法在心理治疗领域已经有很长的发展历史。《心理治疗中的语言与行动》一书中写道："病人通过角色扮演行动，以戏剧化的情节深入剖析内在自我，发展转化自我的心理自发性和创造性。"戏剧治疗理论包括戏剧游戏的热身、情景演出的聚焦、角色扮演和演出高峰作为主要活动以及戏剧性仪式作为闭幕的 5 个阶段。戏剧疗法在过去长期心理治疗实践中证实，其治疗作用主要表现在：

①为情绪发泄提供出口；

②映照自我瑕疵；

③拓展社交角色；

④提高自我形象；

⑤实现心理放松与健康。

因此，戏剧疗法可用于以下 3 个方面。

①对住院病人的辅助戏剧治疗；

②对在校学生心理问题的疏导；

③对中老年人心理压力的缓解。

基于上述理念形成的设计策略是在场地内进行叙事性声景的营造（见图7.14），通过各种声音元素塑造不同情景氛围，包括传统的和基于戏剧疗法的声景营造。场地整体分为 3 个功能区域，分别为戏剧治疗区、自然疗养区及社会回归区。每个分区均注重对自然环境的营造并引入自然声，一起充分发挥声景的恢复性效应。除此之外，戏剧治疗区主要通过各种视觉、触觉、嗅觉与声音交互的装置，引入具有心理引导性的音乐，营造具有情景感的空间；自然疗养区相比戏剧治疗区更注重自然环境声对人体的作用，但同样也适当使用了交互装置，作为一种声景丰富性的补充；社会回归区的设计策略则旨在体现场地社交功能及重庆地域性声景。

以前区广场（图 7.14 a 区）为起点，作为后续叙事性声景体验的开篇。广场部分的声景设计主要是通过水幕形成的水流声以及植被的种植，掩盖城市嘈杂的交通噪声，让人们放下烦琐的思想和烦躁的情绪，达到舒缓情绪的目的。

声景设计方案
叙事性疗愈声景观营造
传统声景营造+基于戏剧疗法的声景
营造

设计分区：
1.戏剧治疗区
2.自然疗养区
3.社会回归区

路径规划：
•建筑前区广场——开篇
•入口水池——出世
•戏剧疗法区域——寻我
•登山漫道——思索
•坡顶花园——悟我
•下坡漫步——入世

0　5m 10m
N

（a）a区　　　　　　　（b）b区　　　　　　　（c）c区

（d）d区　　　　　　　（e）e区　　　　　　　（f）f区

（g）g区　　　　　　　　　　　　（h）h区

图 7.14　基于"戏剧疗法"的声景设计方案

　　水下音浴（图 7.14b 区）为戏剧治疗区首个节点，通过水流塑造一种神秘的入世感，内部采用封闭式隧道，外部为对称式圆环水池。设计理念为古老的音浴方法，敲击类铜锣装置引起声源颤动，同时触发地板、墙壁的振动。声音传感器装置使声波造成水压的变化，鱼群改变间距和队列变化。将声波通过传感装置转化为触觉和视觉，形成各感官沉浸式的交互效果。就生理层面，具有潜在的改善心律失常、促进血液循环的作用；就心理层面，可调整使用者的负面情绪状态，舒缓情绪，减轻焦虑和压力。

　　破冰之径（图 7.14c 区）为后续"戏剧性游戏"的暖身环节，重在营造一个更为轻松、活泼、幽默的声景空间。该区以声景观带和转盘节点设计为主,并以水流为引导,将传统的黑胶唱片机发声原理作为戏剧疗法中的"即兴音乐演奏",参考其原理设计轨道。病人推动装置齿轮的"触针",通过摩擦产生机械能,曲线放大器将振动频率转换成电信号,经过处理后再转换成音乐。增强人与场地、与他人的互动性,消除隔阂,让患者逐渐集中精力。

心灵交响剧场(图 7.14d 区)为利用斜坡地形修建的半露天圆形剧场,疗养节点对外相对开放的部分呈现聚集形态。半圆形场地能达到聚声的效果,同时利用分散式AI 智能音响柱,进一步将舞台及氛围音扩散入观众席,让使用者实时参与音效互动。在心理咨询师的引导下,使用者通过戏剧的展示与声音的沉浸,增强好奇心和情感投入,感知团队成员之间的联系与连结,并能全身心投入到下一阶段的角色扮演活动中。

双人剧场(图 7.14e 区)为小型情景体验区。人际交往过程是精彩的化学反应,该场景利用了自然花田与交互式装置错落的组合,将声音的反应与变化转化为可以感受到的浪漫元素。装置通过检测两人在互动过程中声波频率的变化,将声信号转换为光信号和热信号,转化为视觉和嗅觉的体验,唤醒独有的花海光和芳香气息,辅助使用者打破心理障碍,从双人互动开始,逐渐接受与人接触、交往、沟通,并在其中感受友情、亲情、爱情。

涟漪水池(图 7.14f 区)是整个戏剧治疗区的闭幕环节,场景通过空中圆形水幕,以瀑布和潺潺流水声隔绝环境声音,扬声器放大落叶声音,塑造一个仪式性的封闭空间。通过水流、树叶泼洒的仪式感来脱离使用者被赋予的角色,作为剧本角色的终点以及探寻自我的起点,是心理探索、反思、治疗和升华的环节。

坡顶花园(图 7.14g 区)节点为整个治愈花园的最高点,视野开阔,让使用者产生豁然开朗的感受并自我感悟。该场景设计了风动雕塑及环形的星光视听装置,风动装置在微风或雨水的作用下会产生清脆悦耳的声音,与周围的自然声形成交织与对话,环形星光视听装置能根据时间变化,在内屏显示不同的影像或播放不同的声音,例如莺燕鸣唱、树叶婆娑、雁声阵阵等,以人工方式补充自然声的变化,最终令使用者放松、沉心、寻我及悟我。

沉浸式声体验装置区域(图 7.14h 区),该节点在空间营造上将多个立方形的沉浸式声装置布置在漫道两侧,形成自由开阔的声景体验区。声音素材的选择考虑到了整个项目位于重庆的区位特色,因此选择并收集了一些重庆当地具有特色的市井声素材,如火锅店的交谈声、棒棒的吆喝声等。该区调节了自然声与重庆地域声的比例,从而形成了从自然回归到市井的过渡,令使用者在缓解心理精神压力之后,以更积极健康的态度回归社会生活。

7.3.3　山地城市医院室外空间声景设计

1)项目概况与现状分析

该项目为重庆某肿瘤医院声景改造(见图 7.15)。主要使用人群为患者和医护人员,改造目的是为使用人群提供自由活动和休憩的室外空间,通过声景设计,达到心理治愈的效果,适当掩蔽场地周边的城市环境噪声,尤其是交通噪声。场地占地约46 667 m²,高程 164~246 m,所在基地地势自西北向东南倾斜,医院基地地势平整,坡度较平缓。场地紧邻城市主干道,周边主要道路包括汉渝路、沙滨路和嘉陵江石门大桥。医院为非营利性三级甲等医院,日常来往人流大。通过 Python 程序抓取某工作日 8:00—20:00 的基地范围内的宜出行热力数据,集中在外科楼和内科医技楼,说明这两个地点的人流密度更大,人的活动声音相对其他地点更高。通过对场地现状和使用人群的分析,确定将改造场地定为癌症患者走动休憩较频繁的室外空间,场地范围包括内科医技楼(肿瘤防治中心综合楼)及周围开放空间。该医院使用人群核心需求见图 7.16。

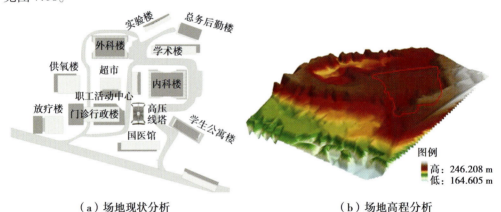

(a)场地现状分析　　　　　　(b)场地高程分析

图 7.15　场地现状分析与场地高程分析

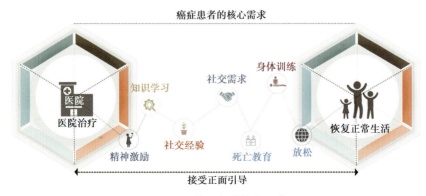

图 7.16　使用人群核心需求

2) 声景设计策略

通过问卷调查对患者的生理特征和心理特征进行分析。大部分病人治疗期间需要长期的住院,出院后也必须一直接受复诊和随访,治疗期间需要经常进行长时间的检查,过程痛苦,给人的心理压力和经济压力很大。人群年龄分布一般以中老年人为主,青年发病率逐渐上升,呈现年轻化的特征。患者的普遍心理特性是对现实生活和周围人群产生恐惧、怀疑的情绪,在日常中表现得愤怒和焦虑,并经常性地被抑郁、悲观等负面情绪困扰。

根据使用者的心理特征和行为特征进行人群的路线分析,对整体场地进行了高差分析和周围声环境分析之后,再对整体场地进行以水为主题的声景设计(见图 7.17)。场地包括两个广场以及广场之间 4.6 m 左右高差的斜坡。考虑到癌症患者有可能行动不便,在每个节点中都考虑到无障碍设计,方便轮椅推行。整体场地面积较小,设计方案希望能将场地的各个场景通过水景元素串联,使各节点组成一个完整的空间序列,达到移步换景的效果。

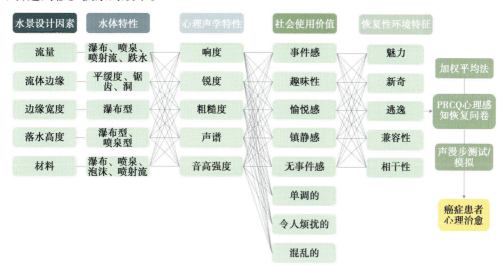

图 7.17　以水为主题的声景设计思维框架

整体方案确定了 8 个景观节点(见图 7.18),以水在自然环境中的自然循环过程为依据,设计了云、雾、雨、溪流等意向的室外景观,并根据节点主题配上不同特性的水声。同时根据患者的行为模式,在室外空间制订了一条以节点串联的疗愈路线:患者走出病房后,会受室外景观吸引;在患者的主要活动路径上设置互动景观,让患者参与互动,在景观中逐渐获得沉浸式体验,最后达到净化治疗、治愈心理的效果。整体设计方案以水在自然界的循环流动为表现主题,串联出一条声景疗愈路线(见表 7.3)。声景观以水景声为主,使用人工喷泉、浅溪、水滴沙漏等水景设计,表现雨水在自然界蒸发后逐渐凝集、汇聚的意向。

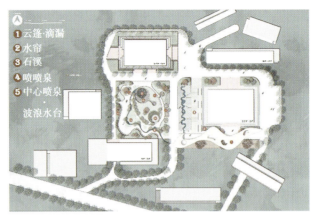

图 7.18　心灵疗愈路径平面设计图

表 7.3　声景节点设计方案

节点序号及名称	设计效果图	设计效果
节点 1：云篷·滴漏		休息厅的顶棚造型模仿云雾缭绕林间的漂浮感，垂直的细柱均匀地分布在顶面，立柱围合形成若干通透的取景框，行人可移步换景。流线型的屋面呼应行云流水的主题，设置漏斗水景，象征时间流逝
节点 2：水帘		在外科大楼外的草坪上设计"水帘"装置，将流水声作为装置的主要元素，充分利用水声的反射性及透明感。潺潺水声可以有效地屏蔽噪声，放松患者身心
节点 3：石溪		采用江水微波拂岸的声音作为元素，掩蔽人群来往的噪声，将水景设置在内科楼与坡道间，水声通过大楼外墙的反射，能产生共鸣效果；另一方面，来往的人群可以驻足参与，这种互动有利于缓解就医时造成的郁闷、烦躁等负面情绪

续表

节点序号及名称	设计效果图	设计效果
节点 4:喷喷泉	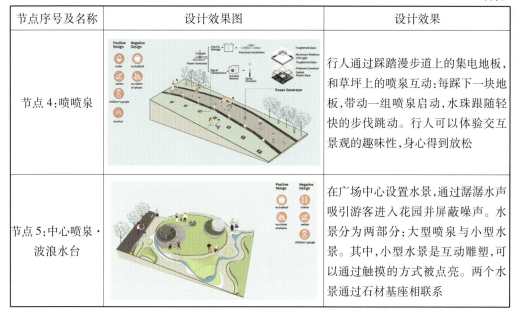	行人通过踩踏漫步道上的集电地板,和草坪上的喷泉互动:每踩下一块地板,带动一组喷泉启动,水珠跟随轻快的步伐跳动。行人可以体验交互景观的趣味性,身心得到放松
节点 5:中心喷泉·波浪水台		在广场中心设置水景,通过潺潺水声吸引游客进入花园并屏蔽噪声。水景分为两部分:大型喷泉与小型水景。其中,小型水景是互动雕塑,可以通过触摸的方式被点亮。两个水景通过石材基座相联系

7.4 山地城市历史街区声景营造策略

历史街区作为城镇中重要的公共空间,是宝贵的物质与精神文化财富。历史街区作为城镇文化的载体,反映地域特色和景观面貌,体现历史文化价值。近年来,各种高频次的历史街区更新工程虽满足了人们日益增长的物质生活需求,却使得历史老街的开发利用陷入了单调乏味、环境均质化的问题中。多数历史街区在保护和更新工程中只注重对历史街区视觉景观的更新复原,却忽略了对历史街区声环境质量的关注和对声景的营造。

为改善山地城市历史街区的声环境现状,提高街区的环境品质,在治理影响历史街区的噪声之外,还需通过声景调查来挖掘有代表性、有地域特征和历史文脉的声景,进一步提升人们在历史街区的视听体验。在历史街区的更新与保护中加入声景的设计和营造,对塑造历史街区的场所感和传承历史文化记忆等方面有着积极的意义,并且还能够明显提升街区的整体品质。因此,将声景设计与历史街区的更新保护策略相结合,在日益追求精细化和人性化设计的今天显得尤为重要。

7.4.1 基于大数据分析的山地城市历史街区声景营造策略

1) 声景大数据分析

中国西南地区的山地城镇数量与类型最多,也是历史街区与历史村镇较为密集的区域。近年来,随着人工智能技术的发展,大数据挖掘与深度学习已逐渐成为一种城市研究主流技术手段。通过大数据技术对历史街区的声景感知数据进行收集与分析,能以更多样本了解公众对历史街区的声景评价,发现山地城市历史街区的声环境问题,为未来历史街区的保护与更新提供理论支持和方法指导。

本节以国家住房和城乡建设部和文物局等官方机构公布的历史文化古镇街区名录为基础,在西南地区范围内选取了17个具有代表性的山地历史古镇和街区为研究对象,通过社交媒体采集古镇街区的声景文本数据并进行相关分析。

ROSTCM6是由武汉大学开发,用于辅助人文社会科学研究的分析计算平台。研究中主要运用了该分析计算平台的语义网络分析、主观情感分析这两项分析功能。语义网络分析主要是通过对高频词进行数据挖掘,统计各个语义词汇之间的关联程度,进而发掘出古镇街区中的主要声景与街区景观、人群活动及主观情感的相互影响关系。主观情感分析是将声景文本进行拆分解析,提取出能代表用户主观情感的词汇或短语,并将这些词汇、短语的出现顺序和固定搭配组合进行分析,在主观情感词库中得出与之匹配的评价分数。

通过语义网络分析,在选取的17个古镇街区中,声景对街区环境和人群感知的影响类型可大体分为3种(见图7.19)。第1种类型以四川地区的古镇为代表,其街区的主要声景为传统民俗活动产生的人工声。该类古镇中的声景特征为热闹喧嚣,这对提升街区的整体活力水平有着积极作用。第2种类型以重庆和贵州地区的古镇为主,

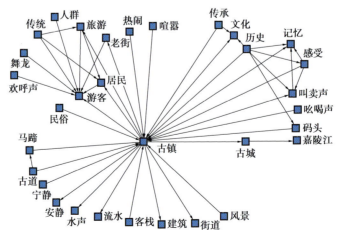

图 7.19 声景文本的语义网络分析

街区中的主要声景为商贩的吆喝声、叫卖声等。由于该类声景含有较强的地域文化因素,易给人留下深刻的印象。第3种类型以云南地区的古镇为主,街区的声景类型以流水声和马蹄声等自然声为主。该类声景易使人产生平静的感受,有利于提升人们对古镇街区环境的整体评价。

在主观情感评价的结果中,正数得分表示积极情绪,负数得分表示消极情绪。若某个声景文本的评价得分为 x,当 $0<x\leqslant10$ 时,评价结果为轻度积极情绪;当 $10<x\leqslant20$ 时,则代表该结果为中度积极情绪;当 $x>20$ 时则为高度积极情绪。同理,当 $-10\leqslant x<0$ 时,评价结果为轻度消极情绪;当 $-20\leqslant x<-10$ 时,则代表该结果为中度消极情绪;当 $x<-20$ 时则为高度消极情绪;当 $x=0$ 时,则表示声景的主观评价呈中立态度。

图 7.20 所示为主观情感评价结果。可见,云南地区的古镇的积极情绪比例最高,和顺古镇的积极情绪占比高达 88.46%,其中的高度积极情绪占比更是达到了 38.46%。四川地区古镇的评价则呈现出高低不一的情况,评价最高的安仁古镇积极情绪占81.40%,而恩阳古镇的评价则相对较差,积极情绪占比还不足 50%。重庆和贵州地区的古镇评价总体较好,除重庆龙兴古镇外,积极情绪占比均超过了 60%。

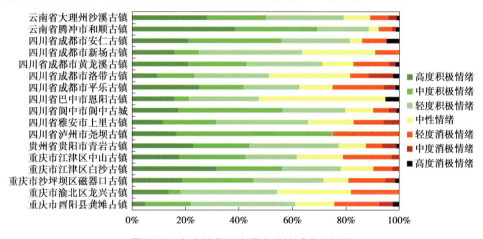

图 7.20　各古镇街区声景主观情感分析结果

经大数据分析,在各个古镇街区声景评价的平均分数中,云南地区古镇的声景评分相对较高。这是因为云南的古镇声景以流水声等自然声为主,更能让人感到亲近,产生舒适感。四川的古镇评分则呈现出较大的波动,不同古镇的评分差距超过 10 分。由于其声景多源自传统民俗活动,而游客群体并不能完全与当地的民俗传统产生共鸣,因此声景评价呈现出褒贬不一的结果。重庆和贵州地区的古镇评分情况与四川的古镇相似,评分结果也出现了较大的起伏。由于重庆和贵州的部分古镇街区商业化较为严重,部分游客认为街区中充斥着商贩的吆喝声、叫卖声等带有强烈现代商业色彩的声景,这对古镇原有的悠闲氛围产生了不利影响。

2)基于大数据的声景营造策略

根据西南地区 17 个古镇历史街区的声景数据分析结果,提出了相应的声景设计策略。

（1）四川地区

古镇的特色声景为举行传统民俗活动时的人工声，整体氛围热闹喧嚣。当地基于传统民俗的人文声是具有明显地域特征的声景，应当给予重视和保护。但由于游客群体的生活文化背景各有不同，对部分传统民俗活动的声景难以产生共鸣。在此基础上，可考虑评选部分能被大众广泛接受和参与的优质民俗活动，并加以推广，以此凸显地域特色，营造良好的声景体验。

（2）重庆和贵州地区

古镇的主要声景为临街店铺商贩的吆喝声、叫卖声等人工声，其中包含较强的现代商业元素，对历史街区原有的传统声景产生了部分不利影响。针对这一问题，在设计策略层面上可考虑加入部分鸟鸣声、流水声等自然声，或在临街店铺中播放基于传统乐器的音乐声来对街区声景进行优化，使之与历史街区的整体环境更加和谐。

（3）云南地区

古镇声景以马蹄声、流水声等自然声为主，其特征是较为安静平和，能让人心情舒畅、回归自然。历史街区原有的优秀声景为当地的商业和旅游业提供了强大的竞争力和吸引力。为使当地历史街区的商业、旅游业能可持续发展，在设计策略上，要尽可能限制对街区商业价值和地区交通网络的过度开发，避免引入过多的人工噪声而破坏街区原有的宁静氛围。同时，还应当对当地的生态环境和非物质文化遗产等珍稀资源进行保护，为历史街区原有的自然声和人文声的保护传承提供条件。

7.4.2　基于声景调查的山地城市历史街区声景营造策略

重庆市作为典型山地城市，起伏的地形造就了独特的城市结构，人口的稠密与可利用土地的贫乏增大了城市建筑密度，使得城市噪声影响更为显著，也使得声景类型更为丰富。本节在重庆市主城区内选取了两个具有山地特色的历史街区进行声景调查，一个是保存较为完好的传统历史商业街，即位于重庆市沙坪坝区的磁器口古镇街区；另一个是在近年经历了大规模城市更新的历史老街，即位于重庆市南岸区的弹子石老街。基于街区的声环境测试和声漫步调查结果，对其代表性声景现状与所处空间位置关系进行了探讨，并对各代表位置的声景构成要素进行了评析。

1）磁器口古镇

磁器口古镇保存着老重庆的建筑风貌、历史文化、民风民俗，它曾经是嘉陵江下游热闹非凡的水陆码头，如今是有名的西南山地传统文化历史街区。磁器口古镇地形起伏错落，街道空间由石阶与坡道相连，空间尺度及功能不尽相同，声景风格迥异。在磁器口正街，众多重庆特色小吃，如古镇麻花、黔江鸡杂、手工酸辣粉分布其中，食客们的喧闹声、店家的吆喝声清晰可闻。茶馆文化在昔日的磁器口古镇中是最具特色的一景,喝茶打牌是重庆居民典型的休闲方式,而如今的磁器口融合了更多外来的文化内容,播放轻音乐的咖啡屋集中分布在磁器口后街。在江滩之上,游客们可亲近自然,聆听江水与船舶的声音。由于空间形式、高差和活动类型的差异,不同的区域存在多样的声景。

（1）声景调查

本次声景调查在磁器口古镇中共选取了 9 个不同高度的空间作为测点,各测点平面分布如图 7.21 所示。同时,按照地形图及各点测点位置的相对关系绘制出了测点分布的剖面示意图,如图 7.22 所示。对测试数据进行了等效 A 声级和 1/3 倍频程分析,与测点的位置关系进行了结合分析,并根据录音分析主要声源类型。问卷调查对象为普通游客,问卷用 5 级量表,受访者需对磁器口古镇的十几种代表声音作出声音喜好评价。

图 7.21　各测点分布平面图

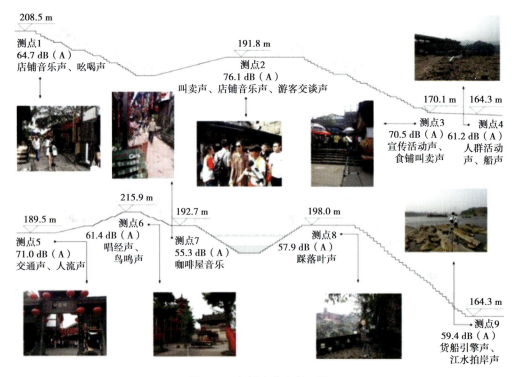

图 7.22　各测点分布剖面图

　　测点 R1 至 R3 以及 R7 均为古镇的主要街道空间,声景以店铺的叫卖声、吆喝声及音乐声为主。测点 R4 和 R9 均位于江边,江水声具有一定的地域特点,但偶有船舶引擎声干扰。R5、R6 和 R8 都是著名景点处的开阔空间,其主要声景为游客的交谈声,其中 R5 临近交通干道,受交通噪声的影响较大。

　　在磁器口古镇的声景中,游客最喜欢的声音有江边水流声、咖啡屋传出的轻音乐声和轮船笛声。这些声音自然地发生而没有刻意增大音量,有较好的心理舒适感,并具有良好的场景代入感,易被游客接受。而商家叫卖声、宣传活动的喇叭声和游客的交谈声则被游客评价为最厌烦的声音。这些声音被认为太过吵闹、刺耳,干扰交流,与周围环境不和谐。尤其是部分商家依靠高音喇叭来吸引顾客,让本来极具地方特色的吆喝声在扩音后与古镇环境格格不入。声压级高低、个人爱好和声音出现地点被认为是影响人们声喜好的 3 个主要因素,可见声音是否有恰当音量、声音出现的位置是否与周围环境和谐,直接影响声景设计的优劣,而满足大多数受众的兴趣倾向在声景设计中也不可忽视。

　　对于磁器口古镇吵闹度评价,近一半游客认为"非常吵闹"或"比较吵闹",只有少部分游客认为"非常安静"或"比较安静"。对于声景舒适度,34.9%的人认为"非常不舒适"或"比较不舒适",说明古镇的声景有可能对他们的情绪或行为产生了潜在的负面影响;认为"非常舒适"或"比较舒适"的游客只有 22.2%。从吵闹度和声舒适度评价结果中可知,游客对磁器口古镇的声景现状并不是很满意,古镇的声景有待改进。

（2）声景营造策略

磁器口古镇作为最具名气和代表性的西南山地历史街区之一,依山而建、江水延绵,具有典型的山地城市地理特征。在声景设计的策略层面也应充分利用地势,将山地高差化作天然的阻挡,并通过空间围合形式的变化,规避声元素的重复,营造出不同意境的声景。随着景区道路交通的开发,靠近主干道的街区声环境已经受到了交通噪声的影响,针对该问题可考虑使用鸟鸣声和流水声等自然声进行声掩蔽,以改善街区的整体声景品质。同时,由于街区商业和旅游业的开发,商家叫卖声、宣传活动的喇叭声等现代商业元素的入侵,已使街区的传统声景发生改变,如何将现代与传统的声景协调地融合显得尤为重要。因此,古镇中的商铺可尝试播放基于传统乐器的丝竹之声,来代替与周围环境格格不入的嘈杂音乐,使空间的整体声景变得更加和谐。

2）弹子石老街

作为近年山地城镇历史街区更新设计的代表案例,重庆市弹子石老街被选为研究对象。弹子石老街位于重庆市南岸区泰昌路68号,旧时曾是西南地区著名的水陆埠口。为了振兴历史街区,弹子石老街近年经历了两期更新重建。首期工程完工于2016年9月,针对历史老街区进行重点修复;二期工程完工于2018年6月,以原弹子石老街的传统业态为基础,加入了旅游观光与现代商业功能。依据弹子石老街的功能分区,本次研究选取了位于东北的历史老街区和位于西南的现代商业区,具体位置关系如图7.23所示。

图7.23　弹子石老街场地概况

（1）声景调查

本次声景调查在弹子石老街中选取了10个具有代表性的空间作为测点,以声漫步行进时的测点顺序,根据实际的声漫步调研情况和受访者的问卷反馈结果,对 10 个测点的声景调查结果进行了概括整理,如图 7.24 所示。测点 R1 至 R5 位于历史老街区,其中街道空间中多为更新修复后的历史建筑,声景以戏台演出的戏曲声、交谈声等人文声为主,并伴有部分鸟鸣声、喷泉声等自然声。R6 至 R10 位于现代商业区,街区业态以休闲购物为主,主要声景为音乐声和交谈声,同时也伴有少量鸟鸣声和流水声。不过由于该区域临近交通主干道,其声景体验深受交通噪声影响。

图 7.24　弹子石老街各测点的声景调查概况

通过声环境测试的结果可知,街区主要区域的声压级在 55.9～67.3 dB(A)范围内,位于历史老街区部分的 R1～R5 的声压级平均值明显高于位于现代商业区部分的 R6～R10,差值为 4.5 dB(A)。在图 7.25 所示的声景总体评价统计中,位于历史老街区的 R1～R5,“差”和“非常差”的评价占总数的比例要明显低于现代商业区的 R6～R10,但对街区声景作出“好”和“非常好”的积极评价的受访者仍占少数。

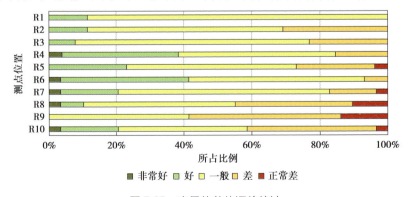

图 7.25　声景的总体评价统计

受访者通过“单一”和“多样”、“人工”和“自然”这两组词汇,以 0～10 的评分分别对声景和视觉景观的构成类型和要素占比进行主观评价(见图 7.26)。从声景和视觉景观的构成类型和要素占比的统计结果可以得出，R1 至 R10 在声景类型指标上的评分均未超过 5，即弹子石老街的声景普遍以人工声为主。视觉景观的评分仅有 R10 处达到了 6.48，以自然景观为主，其余各测点的视觉景观均以人工景观为主。在声景多样性方面，仅有 R1 处的评分达到了 5.15，其余各测点均小于 5，说明街区的整体声景偏于单一。在视觉景观方面仅有 R3 和 R9 分别为 4.08 和 4.62，评分均低于 5 分，其余测点的视觉景观多样性较好。

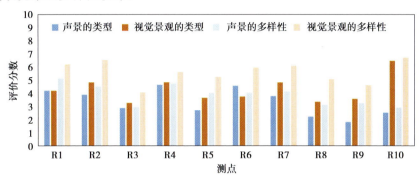

图 7.26　各测点的声景和视觉景观的构成类型和要素占比

在声景和视觉景观的协调性评价结果中，在历史老街区的 R1~R5 这 5 个测点的视听协调性要整体优于现代商业区的 R6~R10。一方面是由于历史老街区的声景多为自然声，更受受访者青睐，也与历史建筑风格更加契合；另一方面是现代商业区的交通噪声和施工噪声对声景体验产生了严重负面影响，使得受访者的视听协调性体验较差。

根据声景偏好统计，发现喷泉流水声、鸟鸣声、交谈声位列受访者喜欢声景的前 3 位。而施工声最不受欢迎，其后是交通声和交谈声。其中，交谈声和唱歌声这两种声景均出现在了受访者喜欢的声景和不喜欢的声景中，这说明不同的对象人群对人的交谈声和唱歌声所产生的主观感受存在差异，在声景设计时需要考虑到受众人群的偏好。由于受访者普遍表现出对喷泉流水声、鸟鸣声等自然声的偏好，该案例街区的声景期待也以自然声为主。不过在部分人文景点处，受访者也期待听到有特色和代表性的人工声，且辅以一定的自然声会有更好的效果。而在处理空间边界区域时，自然声能够起到很好的过渡作用。

（2）声景营造策略

在声景的营造策略层面，对于近年经过更新修复的历史街区而言，需要对其原有的山地城市地貌和原生生态环境进行保护，尽可能保留其原有的自然声景和传统人文声景。弹子石老街位于丘陵起伏的山地城市——重庆，街区整体依山而建，街旁江水延绵，其街区的空间形态很大程度上取决于地形特点。相应的声景设计也要合理利用西南山地城市地形上的特点和地域文化优势，通过对街区空间的高差变化以及街道空间的围合程度进行控制，并结合西南山地城市中有代表性的地方传统民俗声，如山城民谣、川江号子等,以唤起人们对于场所空间的文脉记忆与文化联想,起到营造场所感和突显地域特色的效果。同时,由于该历史街区紧邻城市的交通主干道,可以考虑增加道路绿化或设置声屏障等措施,来限制交通噪声的不利影响。此外,还可以对街区的临江区域进行合理规划,把江水声和江风声引入街区,营造不同意境的声景,丰富街区的声景体验。

参考文献

［1］ 杨运生.城市交通噪声源及传播机理研究［D］.重庆:重庆交通大学,2012.

［2］ 马甲亮.城市交通噪声传播机理与控制技术研究［D］.重庆:重庆交通大学,2015.

［3］ 张敏艳.福州市道路交通噪声变化趋势及影响因子分析［J］.环境与发展,2018,30(5):207-210.

［4］ HOSANNA. Novel solutions for quieter and greener cities［J］. Sweden,2013.

［5］ International Organization for Standardization. Acoustics-Description, Measurement and Assessment of Environmental Noise-Part 1: Basic Quantities and Assessment Procedure［S］,2003.

［6］ International Organization for Standardization. Acoustics-Description, Measurement and Assessment of Environmental Noise-Part 2: Determination of Environmental Noise Levels［S］,2007.

［7］ 张守斌,汪赟,刘砚华.国外道路交通噪声监测与评价［C］//2012全国环境声学学术会议论文集,2012.

［8］ 中华人民共和国国家质量监督检查检疫总局,中国国家标准化管理委员会.声学 环境噪声的描述、测量与评价 第1部分:基本参量与评价方法(GB/T 3222.1—2006)［S］.北京:中国标准出版社,2006.

［9］ 中华人民共和国国家质量监督检查检疫总局,中国国家标准化管理委员会.声学 环境噪声的描述、测量与评价 第2部分:环境噪声级测定(GB/T 3222.2—2009)［S］.北京:中国标准出版社,2009.

［10］ 汪赟,李宪同,张守斌,等.探讨道路交通噪声监测新方法［J］.北方环境,2013,25(11):191-193.

［11］ Nilsson M，Bengtsson J，Klaeboe R.Environmental Methods for Transport Noise Reduction［M］.CRC Press，2014.

［12］ Attenborough K，Li KM，Horoshenkov K.Predicting Outdoor Sound［M］.Taylor and Francis，2014.

［13］ Yang X.Computational atmospheric acoustics［J］.Chinese Journal of Acoustics，1997（1）：71-82.

［14］ Kephalopoulos S，Paviotti M，Ledee FA.Common Noise Assessment Methods in Europe（CNOSSOS-EU）［J］.Common noise assessment methods in Europe（CNDSS-DS-EU），2012.

［15］户文成，吴瑞，杨洁.道路交通噪声预测模型及相应预测软件准确性对比［C］//2014年全国环境声学学术会议论文集，2014：136-139.

［16］周鑫，卢力，胡笑浒.欧盟环境噪声预测模型CNOSSOS-EU之道路交通噪声源强预测模型简介［J］.环境影响评价，2014（6）：54-58.

［17］刘涛.城市道路交通噪声影响因素与传播规律分析［D］.西安：长安大学，2009.

［18］王文团，张强，刘砚华，等.城市道路交通噪声监测状况与传播特性［J］.噪声与振动控制，2010，30（5）：125-131.

［19］中华人民共和国环境保护部，中华人民共和国国家质量监督检验检疫总局.声环境质量标准（GB 3096—2008）［S］.北京：中国环境科学出版社，2008.

［20］中华人民共和国住房和城乡建设部，中华人民共和国国家质量监督检验检疫总局.民用建筑隔声设计规范（GB 50118—2010）［S］.北京：中国建筑工业出版社，2010.

［21］生态环境部核与辐射安全中心.法国噪声污染防治法规标准解读［M］.北京：中国环境出版集团，2019.

［22］生态环境部核与辐射安全中心.德国噪声污染防治法规标准解读［M］.北京：中国环境出版集团，2019.

［23］李泽新，王蓉.山地城市道路交通环境特点及其控制对策［J］.山地学报，2014（1）：46-51.

［24］王梅力.基于可持续发展理论的绿色交通综合评价研究［D］.重庆：重庆交通大学，2016.

［25］郭平，杨三明，李斗果，等.重庆城区道路交通噪声污染状况及对策［J］.三峡环境与生态，2010，32（3）：20-22.

［26］徐进，林伟，张余，等.山地城市道路长上坡路段交通噪声分布特性实测研究［J］.科学技术与工程，2016，16（17）：275-282.

［27］ Wang Y，Bi G，Yang Q，et al.Analyzing land use characteristics of rural settlements on the urban fringe of Liangjiang New Area，Chongqing，China［J］. Journal of Mountain

Science,2016,13（10）:1855-1866.

［28］ Fei W,Zhao S.Urban land expansion in China's six megacities from 1978 to 2015［J］. Science of The Total Environment,2019,664:60-71.

［29］ 重庆市统计局.重庆统计年鉴 2018［M］.北京:中国统计出版社,2018.

［30］ 广州市统计局.广州统计年鉴 2018［M］.北京:中国统计出版社,2018.

［31］ Bouzir TAK,Zemmouri N:Effect of urban morphology on road noise distribution［J］. Energy Procedia,2017,119:376-385.

［32］ Lam K-C,Ma W,Chan PK,et al.Relationship between road traffic noisescape and urban form in Hong Kong［J］.Environmental Monitoring and Assessment,2013,185 （12）:9683-9695.

［33］ 中华人民共和国生态环境部:2021 中国环境噪声污染防治报告［R］.北京:中华人民共和国生态环境部,2021.

［34］ 重庆市生态环境局.2021 重庆市生态环境状况公报［R］.重庆:重庆市生态环境局,2021.

［35］ Brown AL,Lam KC,van Kamp I.Quantification of the exposure and effects of road traffic noise in a dense Asian city:a comparison with western cities［J］. Environmental Health,2015,14（1）:1-11.

［36］ Dale LM,Goudreau S,Perron S,et al.Socioeconomic status and environmental noise exposure in Montreal,Canada［J］.BMC Public Health,2015,15（1）:1-8.

［37］ Weber N,Haase D,Franck U.Traffic-induced noise levels in residential urban structures using landscape metrics as indicators［J］.Ecological Indicators,2014,45: 611-621.

［38］ Hao Y,Kang J.Influence of mesoscale urban morphology on the spatial noise attenuation of flyover aircrafts［J］.Applied Acoustics,2014,84:73-82.

［39］ Ariza-Villaverde AB,Jimenez-Hornero FJ,De Rave EG.Influence of urban morphology on total noise pollution:Multifractal description［J］.Science of the Total Environment,2014,472:1-8.

［40］ Wang B,Kang J.Effects of urban morphology on the traffic noise distribution through noise mapping:A comparative study between UK and China［J］.Applied Acoustics, 2011,72（8）:556-568.

［41］ Xie H,Li H,Liu C,et al.Noise exposure of residential areas along LRT lines in a mountainous city［J］.Science of the Total Environment,2016,568:1283-1294.

［42］ Kang J.Sound propagation in street canyons:Comparison between diffusely and geometrically reflecting boundaries［J］.Journal of the Acoustical Society of America, 2000,107（3）:1394-1404.

［43］ Kang J.Experimental Approach to the Effect of Diffusers on the Sound Attenuation in Long Enclosures［J］. Building Acoustics,1995,2:391-402.

［44］ Ouis D.Annoyance from road traffic noise：A review［J］. Journal of Environmental Psychology,2001,21(1):101-120.

［45］ Fink LA,Bernstein D,Handelsman L,et al. Initial reliability and validity of the child-hood trauma interview-A new multidimensional measure of childhood interpersonal trauma［J］. American Journal of Psychiatry,1995,152(9):1329-1335.

［46］ MIEDEMA H M E VH. Demographic and attitudinal factors that modify annoyance from transportation noise［J］. Journal of the Acoustical Society of America,1999,105 (6):3336-3344.

［47］ Yu L,Kang J. Effects of social,demographical and behavioral factors on the sound level evaluation in urban open spaces［J］. Journal of the Acoustical Society of America,2008,123(2):772-783.

［48］ G.Belojevic,B.Jakovijevic,O.Aleksic. Subjective reactions to traffic noise with regard to some personality traits［J］. Environment International,1997,23(2):p.221-226.

［49］ Joynt J L R,Kang J. The influence of preconceptions on perceived sound reduction by environmental noise barriers［J］. Science of the Total Environment,2010,408(20): 4368-4375.

［50］ Hurtley C. Night noise guidelines for Europe［M］. WHO Regional Office Europe, 2009.

［51］ Chang T Y,Beelen R,Li S F,et al. Road traffic noise frequency and prevalent hyper-tension in Taichung,Taiwan：A cross-sectional study［J］. Environmental Health, 2014,13(1):1-9.

［52］ Fuks K B,Weinmayr G,Hennig F,et al. Association of long-term exposure to local in-dustry- and traffic-specific particulate matter with arterial blood pressure and incident hypertension［J］. International Journal of Hygiene and Environmental Health,2016, 219(6):527-535.

［53］ Funkhouser T,Tsingos N,Carlbom I,et al. A beam tracing method for interactive ar-chitectural acoustics［J］. Journal of the Acoustical Society of America,2004,115 (2):739-756.

［54］ Heimann D. On the efficiency of noise barriers near sloped terrain-A numerical study ［J］. Acta Acustica United with Acustica,2010,96(6):1003-1011.

［55］ Van Renterghem T,Botteldooren D. Focused study on the quiet side effect in dwellings highly exposed to road traffic noise［J］. International Journal of Environ-mental Research and Public Health,2012,9(12):4292-4310.

［56］ Lowicki D,Piotrowska S. Monetary valuation of road noise. Residential property prices as an indicator of the acoustic climate quality［J］. Ecological Indicators,2015,52: 472-479.

［57］ Xie H,Kang J. On the Relationships Between Environmental Noise and Socio-Economic Factors in Greater London［J］. Acta Acustica United with Acustica,2010,96 (3):472-481.

［58］ Pirrera S,De Valck E,Cluydts R. Field study on the impact of nocturnal road traffic noise on sleep:The importance of in- and outdoor noise assessment,the bedroom location and nighttime noise disturbances［J］. Science of the Total Environment,2014, 500:84-90.

［59］ Sygna K,Aasvang G M,Aamodt G,et al. Road traffic noise,sleep and mental health ［J］. Environmental Research,2014,131:17-24.

［60］ Wyon D P. The effects of indoor air quality on performance and productivity［J］. Indoor Air,2004,14:92-101.

［61］ Toyinbo O, M M,Turunen M, et al. Modeling Associations between Principals' Reported Indoor Environmental Quality and Students' Self-Reported Respiratory Health Outcomes Using GLMM and ZIP Models［J］. International Journal of Environmental Research and Public Health,2016,13(4):385.

［62］ Tadeu A J B,Mateus D M R. Sound transmission through single,double and triple glazing. Experimental evaluation［J］. Applied Acoustics,2001,62(3):307-325.

［63］ Huang H,Qiu X,Kang J. Active noise attenuation in ventilation windows［J］. Journal of the Acoustical Society of America,2011,130(1):176-188.

［64］ Skippon S M. How consumer drivers construe vehicle performance:Implications for electric vehicles ［J］. Transportation Research Part F-Traffic Psychology and Behaviour,2014,23:15-31.

［65］ Zhu X,Liu C. Investigating the Neighborhood Effect on Hybrid Vehicle Adoption［J］. Transportation Research Record,2013(2385):37-44.

［66］ Berglund B,Thomas L,Dietrich HS. Guidelines for community noise［J］. World Health Organization Who,1999.

［67］ 魏庆朝,张雪峰,臧传臻,等.公路隧道内主动降噪声场研究［J］.中国公路学报, 2017,30(1):77-82.

［68］ Sergeev M V. Scattered sound and reverberation on city streets and in tunnels［J］. Sov Phys Acoust,1979,25:248-252.

［69］ Kang J. Reverberation in Rectangular Long Enclosures with Diffusely Reflecting Boundaries［J］. Acta Acustica united with Acustica,2002,88:77-87.

［70］ Yamamoto T. On the Distribution of Sound Energy along a Corridor［J］. The Journal of the Acoustical Society of Japan,1961,17(4):286-292.

［71］ Yang L,Shield B. The prediction of speech intelligibility in underground stations of rectangular cross section［J］. The Journal of the Acoustical Society of America,2001, 109:266-273.

［72］ Li K,Iu K. Full-scale measurements for noise transmission in tunnels［J］. Journal of The Acoustical Society of America-J ACOUST SOC AMER,2005,117:1138-1145.

［73］ 曾向阳,陈克安,孙进才. 狭长封闭声场的近似圆锥束跟踪法模拟研究［J］. 应用声学,2003,22(1):39-43.

［74］ 陈延训. 城市地下隧道交通噪声环境及改善［J］. 环境工程,1990,008(4):36-38,47.

［75］ Imaizumi H,Kunimatsu S,Isei T. Sound propagation and speech transmission in a branching underground tunnel［J］. The Journal of the Acoustical Society of America, 2000,108:632-642.

［76］ 尤垂涵,夏德荣.公路隧道交通噪声的声学处理［J］. 噪声与振动控制,1990(2): 35-36+41.

［77］ 魏定邦.隧道降噪材料体系的制备及性能研究［D］.武汉:武汉理工大学,2010.

［78］ Gołębiewski R,Makarewicz R,Nowak M,et al. Traffic noise reduction due to the porous road surface［J］. Applied Acoustics,2003,64:481-494.

［79］ 魏建军,孔永健.多孔隙低噪声沥青路面降噪机理的研究［J］.黑龙江工程学院学报,2004,018(1):11-13,19.

［80］ 徐皓,倪富健,刘清泉,等.排水性沥青混合料降噪性能测试研究［J］.公路交通科技,2005,22(5):10-13.

［81］ 杨斌.SMA 橡胶沥青路面的胎-路噪声评价方法及噪声预估模型［D］.哈尔滨:哈尔滨工业大学,2019.

［82］ 曹卫东,葛剑敏,周海生,等.骨架密实型降噪路面的试验研究及应用［J］. 同济大学学报(自然科学版),2006(8):1026-1030.

［83］ 郭朝阳,沈国辉,王喜燕,等.基于 CPXT 法的橡胶沥青路面噪音频谱分析［J］.中国公路学报,2012,25(4):22-28.

［84］ 李燕.排水降噪防滑沥青路面材料的设计与施工［J］.建筑工程技术与设计, 2018,000(31):826.

［85］ 曾丽霞.OGFC 路面降噪特性研究［D］.广州:华南理工大学,2015.

［86］ 张秋美.公路隧道水泥混凝土路面抗滑性能及降噪技术研究［D］.西安:长安大学,2017.

［87］ Neithalath N,Weiss J,Olek J. Acoustic performance and damping behavior of cellulose-cement composites［J］. Cement & Concrete Composites，2004，26（4）：359-370.

［88］ Park S B，Seo D S，Lee J.Studies on the sound absorption characteristics of porous concrete based on the content of recycled aggregate and target void ratio［J］. Cement & Concrete Research，2005，35（9）：1846-1854.

［89］ 玄东兴.公路隧道降噪材料研究［D］.武汉：武汉理工大学，2005.

［90］ 金雪莉，骆翔宇.基于地铁隧道声环境模型的壁面材料吸声效果分析［J］.广东建材，2013，029（5）：49-51.

［91］ 胡胜，虞秀勇，陈炜，等.水泥基陶粒混凝土在中低频范围中的吸声性能研究［J］.硅酸盐通报，2020（4）：1166-1170+1177.

［92］ 周栋梁，潘志华.新型水泥基泡沫吸声材料的研制［J］.噪声与振动控制，2010（4）：62-64.

［93］ 张雪峰.高速公路隧道内低频交通噪声主动控制声场分布研究［D］.北京交通大学，2016.

［94］ Zhang Z，Luan B，Liu X，et al. Effects of surface texture on tire-pavement noise and skid resistance in long freeway tunnels：From field investigation to technical practice ［J］. Applied Acoustics，2020，160：107-120.

［95］ Di G，Liu X，Lin Q，et al. The relationship between urban combined traffic noise and annoyance：An investigation in Dalian，north of China［J］. Science of the Total Environment，2012，432：189-194.

［96］ Topp H H. Innovations in tram and light rail systems［J］. Proceedings of the Institution of Mechanical Engineers Part F-Journal of Rail and Rapid Transit，1999，213（3）：133-141.

［97］ Vogiatzis K. Environmental ground borne noise and vibration protection of sensitive cultural receptors along the Athens Metro Extension to Piraeus［J］. Science of the Total Environment，2012，439：230-237.

［98］ Loukaitou-Sideris A，Schaffer A. Too loud to hear the train！Noise assessment，implications，and mitigation strategies on light rail platforms［J］. Journal of Planning Education and Research，2014，34（3）：339-351.

［99］ Connolly D P，Kouroussis G，Laghrouche O，et al. Benchmarking railway vibrations-Track，vehicle，ground and building effects［J］. Construction and Building Materials，2015，92：64-81.

［100］ Kim S，Kim S-C，Inho Y，et al. The Estimation of Structural-Borne Noise and Vibration of the Bridge under the Passage of the Light Rail Transit［J］. Journal of the Korean Society for Railway，2007，10（1）：22-28.

[101] Bouvet P, Vincent N, Coblentz A, et al. Optimization of resilient wheels for rolling noise control[J]. Journal of Sound and Vibration, 2000, 231(3): 765-777.

[102] Hudecek L, Svoboda J, Kramny J. Reducing the negative effects of city railways on houses in Ostrava[C]// Advanced materials reasearch Trans Tech Dublication Ltd, 2014, 1041: 432-435.

[103] Yan B, Chen S B, Deng S Y. An Exploration into Green Land System and Unexpected Disaster Prevention in Mountain City: A Case Study of the Shapingba Downtown in Chongqing[C]// Applied Mechanics and materials Trans Tech Dublication Ltd, 2013, 253: 151-156.

[104] Feng K, Hubacek K, Sun L, et al. Consumption-based CO2 accounting of China's megacities: The case of Beijing, Tianjin, Shanghai and Chongqing[J]. Ecological Indicators, 2014, 47: 26-31.

[105] Zhong M-l, Zhu E-y. Development of emergency track beam alignment for rapid track beam replacement of straddle monorail transit[J]. Journal of Transportation Engineering-Asce, 2013, 139(4): 416-423.

[106] 中华人民共和国住房和城乡建设部.城市轨道交通技术规范(GB 50490—2009)[S].北京:中国建筑工业出版社,2009.

[107] Paviotti M, Vogiatzis K. On the outdoor annoyance from scooter and motorbike noise in the urban environment[J]. Science Of the Total Environment, 2012, 430: 223-230.

[108] Paunovic K, Belojevic G, Jakovljevic B. Noise annoyance is related to the presence of urban public transport[J]. Science of the Total Environment, 2014, 481: 479-487.

[109] Frei P, Mohler E, Roeoesli M. Effect of nocturnal road traffic noise exposure and annoyance on objective and subjective sleep quality[J]. International Journal of Hygiene and Environmental Health, 2014, 217(2-3): 188-195.

[110] Onuu M U. Road traffic noise in Nigeria: Measurements, analysis and evaluation of nuisance[J]. Journal of Sound and Vibration, 2000, 233(3): 391-405.

[111] Koffi J, El Mankibi M, Gourdon E, et al. Assessment of single-sided ventilation with acoustic shutters on windows[J]. Building Simulation, 2015, 8(6): 689-700.

[112] Vogiatzis K, Vanhonacker P. Noise reduction in urban LRT networks by combining track based solutions[J]. Science of The Total Environment, 2016, 568: 1344-1354.

[113] Shepherd D, Heinonen-Guzejev M, Hautus M J, et al. Elucidating the relationship between noise sensitivity and personality[J]. Noise & Health, 2015, 17(76): 165-171.

[114] Miedema H M E, Vos H. Noise sensitivity and reactions to noise and other environ-

mental conditions[J]. Journal of the Acoustical Society of America,2003,113(3):1492-1504.

［115］ Laszlo H E, McRobie ES, Stansfeld SA, et al. Annoyance and other reaction measures to changes in noise exposure-A review[J]. Science of the Total Environment,2012,435:551-562.

［116］Vallet M. Annoyance after changes in airport noise environment[C]∥Inter-Noise 96 (the 1996 International Congress on Noise Control Engineering,25th Anniversary Congress-Liverpool,Proceedings,Books 1-6:Noise Control-the Next 25 Years),1996:2329-2334.

［117］Muzet A. Environmental noise,sleep and health[J]. Sleep Medicine Reviews,2007,11(2):135-142.

［118］Putrik P, de Vries N K, Mujakovic S, et al. Living environment matters:Relationships between neighborhood characteristics and health of the residents in a Dutch municipality[J]. Journal of Community Health,2015,40(1):47-56.

［119］Preis A,Kocinski J,Hafke-Dys H,et al. Audio-visual interactions in environment assessment[J]. Science of the Total Environment,2015,523:191-200.

［120］Novales M,Conles E. Turf Track for Light Rail Systems[J]. Transportation Research Record,2012(2275):1-11.

［121］钱治国,王进益,常连贵,等.城市与地形[M].中国建筑工业出版社,1982.

［122］李俊.三峡库区城市道路交通污染防控的规划干预策略研究[D].重庆:重庆大学,2018.

［123］龙瀛,毛其智,杨东峰,等.城市形态、交通能耗和环境影响集成的多智能体模型[J].地理学报,2011(8):1033-1044.

［124］Burgess R,Jenks M. Compact Cities:Sustainable Urban Forms for Developing Countries[M]. Taylor & Francis,2000.

［125］叶彭姚,陈小鸿,崔叙.从区分到融合——城市道路网结构规划理念的演变[J].城市规划学刊,2010(5):98-104.

［126］李泽新,赵万民.长江三峡库区城市街道演变及其建设特点[J].重庆建筑大学学报,2008(2):1-6.

［127］周荣贵,邢惠臣.公路纵坡与汽车运行速度油耗之间的关系[J].公路交通科技,1993(1):15-24.

［128］杨源,颜毅,郭大忠.提升山地城市交通规划中步行系统战略地位的必要性——以涪陵区综合交通规划为例[J].重庆建筑,2011(3):11-15.

［129］李小寒.山地城市道路交通污染防控的规划干预对策及评价体系研究[D].重庆:重庆大学,2017.

［130］周素红,杨利军.城市开发强度影响下的城市交通［J］.城市规划学刊,2005（2）：75-80+49.

［131］姚胜永,潘海啸.基于交通能耗的城市空间和交通模式宏观分析及对我国城市发展的启示［J］.城市规划学刊,2009（3）:46-52.

［132］Pushkarev B S,Zupan J M.Public transportation and land use policy［M］. Bloomington：Indiana University Press,1977.

［133］Cervero R,Kockelman K.Travel demand and the 3 Ds：Density,diversity and design ［J］. Transportation Research Part D Transport and Environment,1997,2（3）：199-219.

［134］吴硕贤.道路交通噪声与居住区防噪评价［J］.环境科学,1981（6）:27-31.

［135］周兆驹,孙明霞,盖磊,等.村庄布局及院落形式对交通噪声衰减的影响［J］.山东建筑工程学院学报,2006（3）:222-225.

［136］项端祈,陈金京,王峥.沿街住宅配置形式与防噪声功效［J］.噪声与振动控制,1993（3）:36-44.

［137］毛东兴,陶锦圣,洪宗辉.交通噪声的衍射作用对住宅小区的影响［J］.上海环境科学,1999（4）:179-181.

［138］路晓东.城市规划层面的道路交通噪声控制研究［D］.大连:大连理工大学,2013.

［139］Fang C F,Ling D L. Investigation of the noise reduction provided by tree belts［J］. Landscape and Urban Planning,2003,63（4）:187-195.

［140］Liu C,Hornikx M. Effect of water content on noise attenuation over vegetated roofs：Results from two field studies［J］. Building and Environment,2018,146:1-11.

［141］Van Renterghem T,Hornikx M,Forssén J,et al. The potential of building envelope greening to achieve quietness［J］. Building and Environment,2013,61:34-44.

［142］Schafer R M. The Soundscape：Our Sonic Environment and the Tuning of the World ［M］. Simon and Schuster,1993.

［143］International Organization for Standardization：Acoustics-soundscape-part 1：definition and conceptual framework［S］,2014.

［144］吴硕贤,赵越喆.人居声环境科学——亚热带建筑科学国家重点实验室近年研究进展［J］.应用声学,2013,032（5）:331-335.

［145］王纪武.地域城市更新的文化检讨——以重庆洪崖洞街区为例［J］.建筑学报,2007（5）:24-27.

［146］董莉莉,张宁.历史文化街区保护整治的社会影响——以重庆市磁器口为例［J］.新建筑,2010,000（6）:136-139.

［147］毛琳箐,康健,金虹.贵州苗、汉族传统聚落空间声学特征研究［J］.建筑学报,

2013（S2）：130-134.

［148］袁晓梅,吴硕贤.中国古典园林的声景观营造［J］.建筑学报,2007,000（02）：70-72.

［149］康健,杨威.城市公共开放空间中的声景［J］.世界建筑,2002,000（06）：76-79.

［150］L BA. A Review of Progress in Soundscapes and an Approach to Soundscape Planning［J］. International Journal of Acoustics and Vibration,2012,17（2）：73-81.

［151］Galbrun L A T T. Acoustical and perceptual assessment of water sounds and their use over road traffic noise［J］. Journal of the Acoustical Society of America,2013,133（1）：227-237.

［152］Hao Y,Kang J,Wortche H. Assessment of the masking effects of birdsong on the road traffic noise environment［J］. Journal of the Acoustical Society of America,2016,140（2）：978-987.

［153］Jeon J Y LPJ,You J. Acoustical characteristics of water sounds for soundscape enhancement in urban open spaces［J］. Journal of the Acoustical Society of America,2012,131（3）：2101-2109.

［154］Kang J,Aletta F,Gjestland T T,et al. Ten questions on the soundscapes of the built environment［J］. Building and Environment,2016,108：284-294.

［155］Liu J,Kang J,Behm H,et al. Effects of landscape on soundscape perception：Soundwalks in city parks［J］. Landscape and Urban Planning,2014,123：30-40.

［156］Jeon J Y,Hong J Y,Lee P J. Soundwalk approach to identify urban soundscapes individually［J］. J Acoust Soc Am,2013,134（1）：803-812.

［157］Jeon J Y,Lee P J,You J,et al. Perceptual assessment of quality of urban soundscapes with combined noise sources and water sounds［J］. Journal of the Acoustical Society of America,2010,127（3）：1357-1366.

［158］Radsten-Ekman M,Axelsson O,Nilsson M E. Effects of Sounds from Water on Perception of Acoustic Environments Dominated by Road-Traffic Noise［J］. Acta Acustica United with Acustica,2013,99（2）：218-225.

［159］Morillas J M B EVG,Sierra J A M. A categorization method applied to the study of urban road traffic noise［J］. Journal of the Acoustical Society of America,2005,117（5）：2844-2852.

［160］Hong J Y,Jeon J Y. Influence of urban contexts on soundscape perceptions：A structural equation modeling approach［J］. Landscape and Urban Planning,2015,141：78-87.

［161］Pheasant R J,Watts G R,Horoshenkov K V. Validation of a Tranquillity Rating Prediction Tool［J］. Acta Acustica United with Acustica,2009,95（6）：1024-1031.

[162] Votsi N, Kallimanis A S, Pantis J D. The distribution and importance of Quiet Areas in the EU[J]. Applied Acoustics, 2017, 127:207-214.

[163] Kang J. From dBA to soundscape indices: Managing our sound environment[J]. Frontiers of Engineering Management, 2017, 4(2):184-192.

[164] 储益萍. 道路交通噪声控制措施的技术、经济比较分析[J]. 环境污染与防治, 2011, 33(5):107-110.

[165] Gidlof-Gunnarsson A, Ohrstrom E. Noise and well-being in urban residential environments: The potential role of perceived availability to nearby green areas[J]. Landscape and Urban Planning, 2007, 83(2-3):115-126.